HELMUT SEßLER
und IN*tem*-Autorenteam

Die Verkaufs-Pille

Sieben Vitamine zum Verkaufserfolg

IN*tem* Media, Mannheim

Besuchen Sie uns im Internet unter:
www.intem.de

Die Verkaufs-Pille
Sieben Vitamine zum Verkaufserfolg

1. Auflage 2003 (9.000 Expl.)

Dieses Werk einschließlich aller seiner Teile ist urheberrechtlich geschützt. Jede Verwendung außerhalb der engen Grenzen des Urheberrechtsgesetzes ist ohne Zustimmung der Autoren unzulässig. Das gilt insbesondere für Vervielfältigungen, Übersetzungen, Mikrofilmverfilmungen sowie die Einspeicherung und Verarbeitung in elektronischen Systemen.

©2003 bei den Autoren
IN*tem* Media, Mannheim

INHALTSVERZEICHNIS

Vorwort	5
Check-up: Ihr Ist-Zustand	8
Der Brief	12
Der Besuch	15
Der Unfall	18
Der Pförtner	20
Die erste Etage: **Die Einstellung des Verkäufers**	26
Die zweite Etage: Motivierende Ziele und Zielklarheit	42
Die dritte Etage: Die Welt des Kunden	56
Das Gespräch in der Kantine	71
Die vierte Etage: Das Handwerkszeug des Verkäufers	77
Die fünfte Etage: Verkaufen muss Spaß machen	91
Das Gespräch im Trainingsraum	105
Die sechste Etage: Einzigartige Identität entdecken und entwickeln	109
Die siebte Etage: Umsetzung durch Intervalltraining	122
Der 34. Geburtstag: Ein Jahr später	139
Anhang: Reaktionsbogen	143

Liebe Leserin, lieber Leser,

in diesem Buch lernen Sie den Verkäufer Heinrich Klee kennen. Bei Heinrich Klee handelt es sich um eine frei erfundene Person. Das gilt auch für alle anderen Personen, die in der „Verkaufs-Pille" auftreten. Jede Ähnlichkeit mit realen Personen oder Begebenheiten ist reiner Zufall.

VORWORT

Wer von uns hat nicht schon einmal davon geträumt: Man nimmt eine Pille zu sich – und schon werden die kühnsten Träume Realität. Beruflicher Erfolg, privates Glück, finanzielle Unabhängigkeit, uneingeschränkte Gesundheit, ewiges Leben. Parsifals Suche nach dem heiligen Gral, Don Quijotes Kampf gegen die Windmühlen, Fausts teuflischer Trieb nach dem erfüllten Augenblick, der nichts zu wünschen übrig lässt, Kapitän Ahabs mörderische Verfolgung des weißen Wals Moby Dick, ja selbst Harry Potters Suche nach dem Stein der Weisen: Die Weltliteratur ist voller Helden, die dem Unerreichbaren nachjagen – und zum Schluss doch alle auf sich selbst zurückgeworfen sind und zu sich selbst finden. Dabei nehmen sie die größte Mühsal auf sich – wie viel einfacher wäre es doch, wenn es jene „Wunderpille" gäbe …

Auch Sie als Führungskraft und Entscheider in Verkauf und Vertrieb, als Nachwuchsführungskraft oder als Verkäufer mögen sich solch eine Wunderpille erhoffen, wenn zum Beispiel die Geschäfte nicht so laufen, wie Sie das erwarten.

Der „Held" dieses Buches steht eines Tages vor der Frage, ob es diese wunderbare Verkaufs-Pille tatsächlich gibt. Heinrich Klee, ein junger Mann, der sich als Verkäufer mehr schlecht als recht durchs

Leben schlägt, erhält an seinem 33. Geburtstag von einem Unternehmen die Einladung, sich über ein Seminar zu informieren, das „Sieben Vitamine zum Verkaufserfolg: Die Verkaufs-Pille" heißt. Durch die seltsamen Begleitumstände neugierig geworden, sucht er das Unternehmen auf, dessen Sitz ein siebenstöckiges Hochhaus ist. Auf jeder Etage erfährt er in informativen, ja spannenden Gesprächen mit Trainern und Coaches, welche Verkaufsphilosophie das Unternehmen, bei dem es sich um ein Trainingsinstitut handelt, verfolgt. Das Unternehmen bietet ihm schließlich an, diese Verkaufsphilosophie und das dazugehörige Methoden-Set im Seminar zu erlernen. Bis zuletzt schwankt Heinrich Klee, zumal er immer wieder darüber nachdenkt, welches Geheimnis sich hinter jenen mysteriösen Verkaufs-Pillen verbirgt, die ihm immer wieder angeboten werden ...

Wir möchten Sie einladen, Heinrich Klee bei seiner Entwicklung zu einem Verkäufer zu begleiten, der das Verkaufen mit Spaß ausübt und dem es Freude macht, für andere Menschen als Problemlöser da zu sein. Unser Team ist die IN*tem*-Trainergruppe, von mir 1989 als Institutsgründer und -leiter ins Leben gerufen. Gemeinsam haben wir dieses Buch geschrieben und uns dafür entschieden, die wichtigsten Aspekte modernen Verkaufens mit Hilfe einer kleinen Geschichte zu erzählen. Wir wollen Sie, unsere Leserinnen und Leser, informieren und unterhalten! Und wir wollen Ihnen anbieten, durch dieses Buch Ihr eigenes verkäuferisches Verhalten weiter zu entwickeln.

Die IN*tem*-Vision lautet: Wir helfen Menschen und Unternehmern, sich zu entwickeln und zu wachsen. Dabei habe ich mich auf Umsetzung und Einstellungsänderung in den Bereichen Trainerausbildung, Coaching und Menschenführung spezialisiert. Meine Trainingsmethode ist das von mir entwickelte IN*tem*-IntervallSystemTraining®, in welches ich alle Erfahrungen meines Lebens sowie auch die meiner zahlreichen Trainingsteilnehmer eingebracht habe.

Wenn Sie durch die Geschichte von Heinrich Klee neugierig geworden sind – rufen Sie mich an! Gerne unterstützen wir auch Sie mit unserem Stufenkonzept zu noch mehr Erfolg.

Ihr

Helmut Seßler

Check-up: Ihr Ist-Zustand

In diesem Buch geht es vor allem um die wichtigsten Aspekte modernen und erfolgreichen Verkaufens. Doch bevor wir Sie in die Geschichte unseres „Helden" Heinrich Klee entführen, bitten wir Sie, sich Gedanken zu Ihrem verkäuferischen Ist-Zustand zu machen.

Falls Sie Personalverantwortung tragen, beziehen Sie die Fragen bitte auch auf Ihre Verkäufer.

Fragen zur Einstellung

Wie ist meine Einstellung/die Einstellung meiner Verkäufer zum Verkauf und zum Beruf des Verkaufens?

_____

_____

Macht mir/meinen Verkäufern das Verkaufen Spaß?

_____

_____

Warum habe ich mich/haben sich meine Verkäufer für den Verkauf entschieden?

_____

_____

Was sind meine/ihre wichtigsten Prinzipien im Verkauf?

_____

_____

Was ist ein Kunde für mich/meine Verkäufer?

_____

_____

Was möchte ich/ möchten wir dem Kunden vor allem bieten?

_____

_____

Warum sollte ein Kunde bei mir/in unserem Unternehmen kaufen statt bei anderen?

_____

_____

Fragen zu Verkaufsfähigkeiten

Wie beurteilen Sie sich/Ihre Verkäufer in Bezug auf „Eigenmotivation und Begeisterung"?

❒ verbesserungswürdig ❒ geht so ❒ gut ❒ sehr gut

Wie beurteilen Sie sich/Ihre Verkäufer in Bezug auf „Beziehungsaufbau zum Kunden und Kundenorientierung"?

❒ verbesserungswürdig ❒ geht so ❒ gut ❒ sehr gut

Wie beurteilen Sie sich/Ihre Verkäufer in Bezug auf das „Einfühlungsvermögen"?

❒ verbesserungswürdig ❒ geht so ❒ gut ❒ sehr gut

Wie beurteilen Sie sich/Ihre Verkäufer in Bezug auf „Zielsetzung und Zielerreichung"?

❒ verbesserungswürdig ❒ geht so ❒ gut ❒ sehr gut

Wie beurteilen Sie sich/Ihre Verkäufer in Bezug auf „überzeugende Produktpräsentation"?

❒ verbesserungswürdig ❒ geht so ❒ gut ❒ sehr gut

Wie beurteilen Sie sich/Ihre Verkäufer in Bezug auf „sichere Einwandbehandlung"?

❒ verbesserungswürdig ❒ geht so ❒ gut ❒ sehr gut

Wie beurteilen Sie sich/Ihre Verkäufer in Bezug auf „überzeugende Argumentation"?

❒ verbesserungswürdig ❒ geht so ❒ gut ❒ sehr gut

Wie beurteilen Sie sich/Ihre Verkäufer in Bezug auf „sicherer Abschluss"?

❏ verbesserungswürdig ❏ geht so ❏ gut ❏ sehr gut

Wie beurteilen Sie sich/Ihre Verkäufer in Bezug auf „zielgerichtetes und strukturiertes Verkaufen"?

❏ verbesserungswürdig ❏ geht so ❏ gut ❏ sehr gut

Die Auswertung

Vielleicht hatten Sie bei der Beantwortung der einen oder anderen Frage Schwierigkeiten und haben gemerkt, dass Sie und Ihre Verkäufer über diese Frage bisher wenig nachgedacht haben. Und vielleicht stehen Ihre Kreuzchen meistens bei „verbesserungswürdig" oder „geht so": Dann wird Ihnen dieses Buch auf jeden Fall weiterhelfen.

Falls Sie oder Ihre Mitarbeiter jedoch zu den Verkäufern gehören, bei denen es absolut nichts mehr zu verbessern gibt, konnten Sie die Fragen zur Einstellung gewiss problemlos beantworten und Sie haben Ihre Kreuzchen oft bei „sehr gut" oder „gut" gemacht. Aber selbst dann denken Sie bitte an Oliver Cromwell, der einmal gesagt hat: „Wer aufhört, besser zu werden, hat aufgehört, gut zu sein." Und deswegen sind wir sicher, dass die Lektüre dieses Buches einen Nutzen auch für Sie haben wird.

Der Brief

„Sehr geehrter Herr Klee,

wir möchten Ihnen gleich zwei Mal gratulieren: Natürlich zu Ihrem 33. Geburtstag, und außerdem sind Sie unter 100 Verkäufern auserwählt worden, an dem Kurs ‚Sieben Vitamine zum Verkaufserfolg: Die Verkaufs-Pille' teilzunehmen. Wir versprechen Ihnen bereits jetzt, dass der Besuch dieses Kurses Ihr Leben als Verkäufer nachhaltig verändern wird.

Damit Sie sich ein Bild von uns und unserem Angebot machen können, bitten wir Sie, sich heute Mittag um 12.00 Uhr in der Schlossstraße 7 einzufinden. Unser Unternehmenssitz, ein siebenstöckiges Hochhaus, ist gar nicht zu übersehen. Bitte melden Sie sich beim Pförtner an.

Wir freuen uns auf Sie und bitten um pünktliches Erscheinen.

Herzliche Grüße aus der Schlossstraße,

Ihr Hartmut Elke."

Irgendjemand musste Heinrich Klee empfohlen haben, vielleicht ein zufriedener Kunde. ‚Aber das ist eigentlich unmöglich', dachte er, denn seine letzten Kundenkontakte waren für ihn sehr unbefriedigend verlaufen. Missmutig stand er im Badezimmer vor dem Spiegel, um sich zu rasieren. Er hatte wieder einmal schlecht geschlafen, in letzter Zeit plagten ihn Alpträume, an die er sich nach dem Aufwachen nicht mehr erinnern konnte. Zurück blieb immer ein schales Gefühl des Ausgeliefertseins. „Kein Wunder, wenn immer weniger Kunden etwas von mir kaufen wollen, bei dem griesgrämigen Gesicht", sagte er zu seinem Spiegelbild. „Derzeit würde sogar ich selbst nichts von mir kaufen wollen."

Früher war es oft so, dass er unter der Dusche oder beim Rasieren eine tolle Idee hatte, die er dann gleich am selben Tag umsetzte. In letzter Zeit aber, so sein Eindruck, taumelte er von Misserfolg zu Misserfolg. Und jeden Morgen blickte er in ein Gesicht, das noch zerknitterter und unzufriedener dreinschaute als am Vortag.

Dabei konnte er im Großen und Ganzen mit seinem Leben zufrieden sein. Er arbeitete seit fünf Jahren für ein großes Unternehmen in der Verkaufsabteilung. Sein Chef hatte ihm in Aussicht gestellt, in naher Zukunft zum Abteilungsleiter aufzusteigen. Auch gesundheitlich ging es ihm gut – wenn er nur nicht in letzter Zeit diese Leere in sich spüren würde. Manchmal musste er sich morgens aus dem Bett quälen und geradezu zwingen, zur Arbeit zu gehen. Gott sei Dank hatte er sich für die täglichen Kundenbesuche einen Gesprächsleitfaden erarbeitet, den er sehr erfolgreich anwendete. Fast wie im Schlaf arbeitete er sich in seinen Kundengesprächen von der motivierenden Einstiegsfrage über die Argumentationsdarlegung und die Einwandbehandlung bis zu Preisverhandlung und Abschluss durch. ‚Woran liegt es nur, dass es seit längerem nicht mehr so klappt wie früher?', fragte er sich. Heinrich Klee war unverheiratet, und in seinem überschaubaren, aber festen Freundeskreis stellte er Ähnliches fest. Wurden sie alle alt und ausgebrannt? ‚Ein bisschen früh, mit 33 Jahren', dachte er. ‚Bei meinen zwei besten Freunden laufen die Geschäfte auch nicht mehr so gut. Der eine rennt von Seminar zu Seminar, er übt und übt, aber im Verkaufsgespräch passiert es ihm immer wieder, dass er den Kunden überrollt, der fühlt sich dann zum Kauf gedrängt und zieht sich zurück. Der andere sprüht nur so von Begeisterung, er liebt das Gespräch mit dem Kunden, aber seine überbordende Begeisterung lässt ihn ganz vergessen, sein Produkt vorzustellen. Am Schluss dann hat er fast einen Freund gewonnen, aber nichts verkauft.'

Heinrich Klee griff noch einmal zu dem Brief. *„Wir versprechen Ihnen bereits jetzt, dass der Besuch dieses Kurses Ihr Leben als Verkäufer nachhaltig verändern wird."* „Wenn ich so etwas schon lese. Habe ich mir doch gleich gedacht, eine Reklamesendung. Als ob ich heute nichts anderes zu tun hätte. Aber dass sie mir zum Geburtstag gratulieren, ist eigentlich ganz nett", murmelte er vor sich hin. Er warf den Brief in den Papierkorb und ging frühstücken.

Der Besuch

Die Brötchen schmeckten köstlich, aber der Kaffee war mal wieder zu stark geraten. Er überdachte seinen Tagesplan. ‚Ich muss unbedingt für die Frau Klaasen aus der Sesterstraße ein Angebot schreiben. Sie wartet schon seit längerem darauf.' Da er aber noch nicht alle Zahlen zusammen hatte, um ein Angebot schreiben zu können, kam er zu dem Schluss: ‚Nun, morgen ist auch noch ein Tag.' Da klingelte es an der Tür. Draußen stand ein alter Mann mit Glatze und einem angenehmen Lächeln. Seine Augen strahlten in einem eigentümlichen Glanz. „Guten Tag, Herr Klee. Ich habe Post für Sie." „Aber die war doch schon da", wunderte sich Heinrich Klee. Er nahm den Brief entgegen und schaute auf den Absender: Schlossstraße 7 – ‚Die bleiben aber dran', dachte er bewundernd. In dem Umschlag befand sich ein kleines Schächtelchen und ein Blatt, auf dem stand: *Geben Sie diesem Tag einen besonderen Sinn: Nehmen Sie bitte sofort die Pille ein.* In der Schachtel lag eine weiße Pille.

‚So ein Unsinn', dachte er und wollte schon die Türe hinter sich zuwerfen, als der alte Mann freundlich sagte: „Ich möchte mich nicht einmischen, aber Sie sollten dem Ratschlag folgen." „Woher wissen Sie denn, was darin steht?", erwiderte Heinrich Klee. Der alte Mann überging seine Frage. *„Das Glück liegt nicht in der Vergangenheit und nicht in der Zukunft, sondern im Augenblick"*, meinte er. Im Gesichtsausdruck des alten Mannes war etwas, das Heinrich Klee veranlasste, nachzudenken, Vertrauen zu dem ihm unbekannten Mann zu fassen und zu antworten: „Ja, stimmt, das ist schon viele Jahre her. Ich war ungefähr 17 Jahre alt und habe ein kleines Kind gerettet, das im Winter auf einem Teich eingebrochen war. Die Mutter des Kindes kam zu mir, bedankte sich und strich mir über den Kopf. Diese Berührung hat mich so glücklich gemacht wie nie wieder in meinem Leben."

„Sehen Sie, Glück finden Sie nicht in Jahren oder Monaten, Glück finden Sie nur im Augenblick. Der Denker Augustinus hat schon vor über eineinhalbtausend Jahren gesagt, dass Zeit von unserem Bewusstsein nicht zu trennen ist. Denn was ist eigentlich an der Zeit wirklich? Bei genauem Hinsehen doch nur die Gegenwart, das unmittelbare Jetzt. Vergangenheit besteht nur in unserer Erinnerung, Zukunft ist nur in unserer Erwartung. Beide sind nicht eigentlich wirklich." „Und was hat das mit diesem Reklamesprüchlein und der Pille zu tun?" „Wir sollten nicht immer nur in der Vergangenheit leben und darüber nachdenken, wie schön und toll – oder wie traurig und unangenehm – früher alles war. Und wir sollten nicht immer nur in der Zukunft leben und hoffen, dass sich morgen oder auch übermorgen schon alles zum Besseren wenden werde." Heinrich Klee kam der Gedanke bekannt vor. Hatte er sich nicht gerade noch, beim Rasieren, vorgestellt, wie gut seine Geschäfte früher liefen? Und hatte er das Schreiben des Angebots für Frau Klaasen nicht auf morgen verschoben? Anscheinend wusste der alte Mann ganz gut, was er dachte und fühlte. ‚Ich darf mich nicht immer an die glorreiche

Vergangenheit klammern und alles Wichtige auf den nächsten Tag verschieben', dachte er. „Der heutige Tag ist der Tag, an dem Sie etwas ändern können, wenn Sie unzufrieden sind. Nehmen Sie die Pille ein", unterbrach ihn der alte Mann in seinen Gedanken und drehte sich um, um zu gehen. „Moment, wer sind Sie denn überhaupt?", rief Heinrich. „Mein Name ist Elke, Hartmut Elke." Aber bevor Heinrich Klee einfiel, dass dies ja der Name war, der unter dem Einladungsschreiben stand, war der alte Mann schon verschwunden. Und er ahnte in diesem Moment noch nicht, dass dieser Besuch und dieser Tag tatsächlich sein Leben positiv verändern würden.

Nachdenklich ging Heinrich Klee wieder an den Frühstückstisch. Warum nur schickte dieser seltsame alte Mann ihm einen Brief, um ihn dann auch noch persönlich aufzusuchen? Und was sollte der Unsinn mit der Pille? Er dachte an die wissenschaftlichen Forschungen und den unauslöschlichen Traum der Menschheit, durch die tägliche Einnahme einer Pille zum ewigen Leben zu gelangen. ‚Unsinn, nichts als Unsinn', beharrte er. Er dachte nach, lief auf einmal zum Papierkorb und kramte das Einladungsschreiben hervor. Vielleicht sollte er sich heute Mittag doch auf den Weg in die Schlossstraße machen. Schaden konnte es bestimmt nicht. Außerdem war er neugierig geworden – immerhin hatte er von dem alten Mann den Ratschlag erhalten, das Glück im Augenblick zu suchen. Heinrich Klee zog daraus den praktischen Schluss, Dinge nicht auf die lange Bank zu schieben, sondern sofort zu handeln. Sogleich setzte er sich an den Schreibtisch, suchte die Unterlagen heraus und entwarf ein Angebotskonzept. Eine Stunde später hielt er die versandfertigen Unterlagen in Händen. ‚Wenn ich heute in die Schlossstraße gehe, werfe ich das Angebot in den Briefkasten', dachte er zufrieden.

Der Unfall

Heinrich Klee warf den Brief ein. Beinahe hätte er es vergessen, weil er tief in Gedanken versunken war. Der Tag war nicht gut verlaufen. Nach den Ereignissen heute Morgen war er voller Elan in seine Firma geeilt. Dort wartete nur Unerfreuliches auf ihn: Ein Kunde rief an und zog seine mündliche Zusage für einen Großauftrag zurück. Bei der Durchsicht der Unterlagen hatte er einen Fehler im Angebot entdeckt, zudem stimmten einige Zahlen nicht mit dem überein, was Heinrich Klee ihm im persönlichen Gespräch gesagt hatte. ‚Ich habe einen Fehler gemacht', schoss es ihm durch den Sinn, ‚und warum? Ich wollte diesen Kunden unbedingt gewinnen und habe im Gespräch Versprechungen gemacht, die ich nicht einhalten konnte. Ich muss mich noch mehr an meinen Gesprächsleitfaden halten.' Genau das hatte er dann bei dem anschließenden Kundentermin getan. Aber auch der Kunde bat sich Bedenkzeit aus, Heinrich Klee wusste, was das bedeutete, der Kunde war so gut wie verloren. Er hatte das Gefühl, alles richtig gemacht zu haben, an genau den richtigen Stellen die richtigen Fragen gestellt zu haben, doch ihm fehlte die rechte Begeisterung und Überzeugungskraft. Bereits nach wenigen Minuten spürte er: ‚Das klappt sowieso nicht.' Und so war es dann auch.

Er dachte an die Pille. Sollte er sie einfach einnehmen? Obwohl er es eigentlich nicht wollte, hatte er sie in das Schächtelchen zurückgelegt und mit ins Büro genommen. Er fasste in seine Jackentasche. Nein, er wusste ja gar nicht, was sie bewirkte. Oder sollte er vielleicht doch …

‚Jetzt müsste ich nur noch einen Unfall haben, das würde ins Bild passen.' In diesem Moment sprach ihn jemand von der Seite an: „Können Sie mir helfen?" Er drehte sich um, ein ungefähr fünfzehnjähriges Mädchen hockte auf dem Boden und hielt sich den Fuß. „Ich bin umgeknickt." Heinrich Klee eilte auf das Mädchen zu. Genau in diesem Augenblick schoss ein Wagen an ihm vorbei – wäre er nicht auf das Mädchen zugegangen, der Wagen hätte ihn erfasst. „Wo sind Sie denn mit Ihren Gedanken, passen Sie doch auf", rief der Fahrer, zeigte Heinrich Klee einen Vogel und brauste weiter. „Du hast mir das Leben gerettet", sagte er zu dem Mädchen und kümmerte sich um den verstauchten Fuß. „Aber nein,", sagte das Mädchen, „Sie selbst waren es. Ich habe schon drei Leute angesprochen, niemand wollte mir helfen, alle hatten es so eilig. Sie sind der erste, der mich bemerken wollte." ‚Heute ist wirklich nicht mein Glückstag', sagte sich Heinrich Klee, ‚jetzt gerate ich auch noch an ein altkluges Mädchen, das mir sagt, meine Hilfsbereitschaft habe mir das Leben gerettet. Mal sehen, was noch alles passiert. Es kann eigentlich nur besser werden.' Er begleitete das leicht humpelnde Mädchen nach Hause, es wohnte nicht weit von der Unfallstelle entfernt, und setzte seinen Weg in die Schlossstraße fort.

Der Pförtner

Tatsächlich, das Hochhaus in der Schlossstraße musste jedem sofort ins Auge fallen. Schon von weitem war es an diesem angenehmen Spätsommertag zu sehen. Das erste, was Heinrich Klee auffiel, war eine überdimensionale Pille, die wie eine Skulptur vor dem Haus thronte. „Sieben Vitamine zum Verkaufserfolg: Die Verkaufs-Pille" war darauf in großen Buchstaben zu lesen. ‚Na, von Marketing verstehen die was', dachte er. Er betrat das Gebäude und wurde fast umgerannt. Ein hektisches Treiben empfing ihn. „Entschuldigung", rief die Frau, die ihn fast umgerannt hätte. Vor den Liften – ungewöhnlich viele für ein Gebäude dieser Größe – herrschte reger Betrieb, andauernd stiegen Leute ein und aus, riefen sich Sätze zu wie: „Das muss ich unbedingt noch vertiefen!", „Wir treffen uns im Trainingsraum!" und „Das wird jetzt sofort umgesetzt!".

Heinrich Klee hielt nach dem Pförtner Ausschau, dort sollte er sich ja melden. Er fragte einen Mann, der an ihm vorbei auf den Lift zuging. „Entschuldigung, wo ist denn die Pförtnerloge?" „Kommen Sie", antwortete der Mann, „ich zeige Ihnen seinen Platz. Ich wollte ihn sowieso fragen, auf welchem Stockwerk heute der Trainingsbaustein ‚Der erste Eindruck entscheidet' stattfindet."

Der Mann fasste Heinrich Klee so vertraulich an die Schulter, als ob sie sich bereits seit Jahren kennen würden, und lenkte ihn in den rechten Teil des riesigen Raumes. Dort saß in einer unscheinbaren, abseits gelegenen Ecke ein junger lächelnder Mann. Heinrich Klee stockte. Der Mann sah ihm zum Verblüffen ähnlich, fast war ihm, als ob er in einen Spiegel schaue. „G-gu-guten Tag", stotterte er ein wenig, und reichte dem jungen Mann die Hand. „Ich habe eine Einladung von Ihnen erhalten. Mein Name ist Heinrich Klee." „Wunderbar", entgegnete der Mann, „den Namen kann ich mir gut merken. Sie tragen eine Brille, haben also vier Augen. Da liegt der Gedanke an ein vierblättriges Kleeblatt nicht weit. Und das bedeutet Glück, ein positives Gefühl. Gut, Herr Klee, wir haben Sie erwartet, lassen Sie uns gleich beginnen. Ach ja, ich heiße Hartmut Elke." Er stand auf und wollte mit Heinrich Klee zum Lift gehen.

‚Was ist heute nur für ein seltsamer Tag', dachte Heinrich Klee. Er hielt den Pförtner zurück. „Sagen Sie, heute Morgen war ein Mann bei mir. Ein Herr Hartmut Elke. Der war aber bedeutend älter als Sie!" „Das ist mein Vater", entgegnete der Pförtner. „Ihm gehört dieses Institut." Heinrich Klee war einigermaßen beruhigt. „Entschuldigen Sie, bevor ich mit Ihnen losstürme, möchte ich doch erst einiges von Ihnen wissen. Um was für ein Institut handelt es sich denn hier?" „Wir sind ein Trainingsinstitut, in dem Verkäufer aus- und fortgebildet werden", antwortete der Pförtner freundlich. Heinrich Klee wurde misstrauisch. „Ich weiß nicht, ob ich hier richtig bin. Ich habe schon so viele Seminare besucht. Immer war es harte Arbeit, weil ich mit Wissen bis oben hin angefüllt worden bin. Auf meine individuellen Probleme und Fragen ist aber selten eingegangen worden, die Trainer wollten doch nur ihr Programm durchziehen. Und das wenige, was ich für meine Arbeit tatsächlich hätte einsetzen können, konnte ich nicht anwenden, weil einfach die Zeit fehlte." Heinrich Klee wandte sich ab. „Ich glaube, ich gehe lieber doch wieder." Der Pförtner warf ein: „Und Ihr Verkaufsleiter hat sich dann beschwert, weil sich Ihr Verhalten nach dem Seminarbesuch nicht geändert und verbessert hat. Außerdem hatten sich während Ihrer Abwesenheit Kundenanfragen und Telefonzettel angesammelt, Arbeit war liegen geblieben. Da war er natürlich unzufrieden." Es war nicht das erste Mal, dass Heinrich Klee an diesem Tag stutzte. Genau so war es! Die Personalabteilung seines Unternehmens hatte aus diesem Grund den Weiterbildungsetat für das nächste Jahr deutlich herabgesetzt. Die Weiterbildungskosten rechneten sich nicht, im Gegenteil: Mitarbeiter, die in Seminarräumen sitzen, können nichts verkaufen.

„Na gut", sagte er unsicher. „Sie haben Recht. Und bei Ihnen ist das anders?" „Das will ich Ihnen doch die ganze Zeit zeigen. Nun kommen Sie doch endlich", rief der Pförtner lachend und ging mit Heinrich Klee zum Lift.

Heinrich Klee überlegte; zögernd wandte er sich an den Pförtner: „Entschuldigung, aber ich muss gestehen, Ihre ungewöhnliche Art, mich einzuladen und das mit der Wunderpille bringen mich zu der Frage: Hat das hier etwas mit einer Sekte zu tun? – Man liest und hört ja so einiges." „Ich verstehe Ihre Bedenken", erwiderte der Pförtner. „Aber diese Bedenken werden schnell zerstreut werden, wenn Sie uns näher kennen gelernt haben. Das Ziel einer Sekte ist es, Menschen zu manipulieren, sie in ein Abhängigkeitsverhältnis zu bringen und sie zu unselbstständigem Denken und Handeln zu führen. Wir tun genau das Gegenteil – und der heutige Tag wird dies immer wieder zeigen: Unser Trainingsinstitut möchte seine Kunden, also die Verkäufer, zu einer größeren Unabhängigkeit führen, indem es ihnen das entsprechende Verkaufs-Know-how an die Hand gibt. Ob und wie ein Verkäufer dieses Angebot annimmt, entscheidet er selbst. Übrigens haben wir gerade deswegen diesen Vorstellungstag eingeführt, an dem nun auch Sie unsere Philosophie und Vorgehensweise zunächst einmal detailliert kennen lernen. Danach entscheiden Sie ganz allein, wie es weitergeht. Doch was soll ich viel reden – ich möchte Taten sprechen lassen – fahren wir also in den ersten Stock."

Der Pförtner und Heinrich Klee mussten etwas warten, denn der rege Betrieb an den Aufzügen wollte einfach nicht abnehmen. Heinrich Klee nutzte die

Wartezeit. „Aber eines möchte ich noch wissen: Woher kennen Sie mich? Warum bin ich unter 100 Verkäufern für diesen Kurs ausgewählt worden?" Der Pförtner zog einen Brief aus der Tasche. „Ich habe hier ein Empfehlungsschreiben, von einem Herrn Günther Zimmermann. Er kennt unser Institut und hat uns geschrieben, Sie würden sehr gut zu uns passen." Heinrich Klee überlegte krampfhaft. Es musste sich also um einen sehr zufriedenen Kunden handeln. Davon hatte es in letzter Zeit ja nur sehr wenige gegeben … Dann aber erinnerte er sich: Vor ein paar Tagen hatte er einen alten Mann in seiner Wohnung aufgesucht, um mit ihm ein Beratungsgespräch zu führen. Doch dem alten Mann ging es gesundheitlich schlecht, Heinrich Klee kam gar nicht dazu, sein Angebot zu unterbreiten. Vielmehr fragte er den Mann nach seiner Geschichte, und der Mann erzählte ihm aus seiner Vergangenheit: Die Kriegstage, eine unglückliche Liebe, ein verlorenes Kind, ein herber geschäftlicher Verlust … Heinrich Klee hatte einfach nur zugehört und den Mann durch seine Zwischenbemerkungen zum Weiterreden ermuntert. Zum Ende des Termins hatte er das Gefühl, jemandem geholfen zu haben. Verkauft hatte er allerdings nichts.

Sie bestiegen den Aufzug und fuhren in die erste Etage. „Nicht jeder ist zum Verkäufer geeignet", sagte der Pförtner. „Man muss schon eine gewisse Grundeinstellung mitbringen. Und Herr Zimmermann und wir wissen, dass Sie diese Einstellung haben." Heinrich Klee war die Sache ein wenig peinlich: „Ach was", sagte er etwas streng, um seine

Verlegenheit zu überspielen, „wir sind keine Samariter, sondern Verkäufer." „Das eine muss das andere nicht ausschließen", versetzte der Pförtner. „Warum zum Beispiel haben Sie sich eben um das Mädchen mit dem verstauchten Fuß gekümmert?" „Woher wissen Sie denn das schon wieder?", rief Heinrich Klee aus. „Es ist die Enkelin meines Vaters, meine Nichte. Sie hat es uns soeben erzählt."

„Übrigens", fuhr er fort", Sie haben damals vielleicht den Auftrag nicht erhalten, aber mit Herrn Zimmermann einen Kunden gewonnen, den Sie für immer behalten werden. Er wird heute Nachmittag an Ihr Unternehmen einen Großauftrag vergeben, er lenkt nämlich noch die Geschicke seiner Firma, sozusagen vom Altersruhesitz aus. Herr Zimmermann hat sich gefreut, dass Sie sich so viel Zeit für ihn genommen haben. Herzlichen Glückwunsch. – Ah, da sind wir ja endlich."

Die erste Etage: Die Einstellung des Verkäufers

Die Tür des Aufzugs öffnete sich. Heinrich Klee und der Pförtner betraten einen langen Flur, von dem aus man mehrere offene Räume einsehen konnte, da sie alle keine Tür hatten. Nur am Ende des Flurs erblickten sie eine geschlossene Tür. „Bevor wir uns einige der Räume anschauen, darf ich Sie etwas fragen, Herr Klee?" „Ja, bitte." „Wenn ein Tennisspieler an die Weltspitze gelangen will, was glauben Sie, muss der dafür können?" Heinrich Klee überlegte nur kurz: „Nun, er muss natürlich die Technik und die Schläge beherrschen. Aufschlag, Volley, Grundlinienspiel, Top Spin und so weiter. Dafür muss er üben, üben und nochmals üben. So lange, bis er die Schläge im Schlaf beherrscht. Und spätestens seit Boris Becker wissen wir: Der Tennisspieler muss sich mental auf den Gegner einstellen. Die Einstellung also muss stimmen, sonst kann er sein Können nicht auf die Wettkampfsituation übertragen, sonst bekommt er sein Können nicht auf den Platz. Und seine Einstellung bezieht sich nicht nur auf das nächste Match, sondern auf den Tennissport insgesamt. Er muss also bereit sein, für seinen Sport zu leben und auf vieles zu verzichten."

„Ich freue mich, Sie haben sehr schön die drei Säulen des Erfolgs beschrieben", strahlte Hartmut Elke junior. „Einstellung, Wissen und Können." Er zeigte auf ein Wandplakat, das gleich neben dem Aufzug hing. „Ein Weltklasse-Tennisspieler hat die richtige Einstellung, beherrscht die Techniken und Schläge und ist über das Üben zum Könner geworden."

Heinrich fielen wieder seine zwei Freunde ein. Während der eine zwar über die angemessene Einstellung und Begeisterungsfähigkeit verfügte, aber im Gespräch sein Wissen nicht anwendete, um es in die Richtung eines Kundengesprächs zu lenken, beherrschte der zweite zwar alle möglichen Verkaufsmethoden und Verkaufstechniken, verlor aber darüber den Kunden aus dem Blick. Dem ersten fehlte es an Wissen und Können, dem anderen an der Einstellung – er wollte eigentlich keine Kundenwünsche befriedigen, sondern sein Wissen anwenden.

„Welche Einstellung zu Ihrem Beruf haben Sie, Herr Klee? Bitte antworten Sie spontan!", unterbrach ihn der Pförtner in seinen Gedanken. Mit dieser Frage hatte Heinrich Klee am allerwenigsten gerechnet. Aber er musste sich heute wohl auf noch viele Überraschungen gefasst machen. „Ich weiß nicht, ich habe mir darüber nicht allzu viele Gedanken gemacht. Der Beruf des Verkäufers hat mich schon immer gereizt, obwohl mein Vater dagegen war. Ich glaube, dieser Beruf sichert mir ein gutes Einkommen, ich kann gut verhandeln, ab und zu lerne ich nette Leute kennen – allerdings auch oft recht unwirsche, bei denen ich gleich spüre, dass ich bei ihnen nicht willkommen bin ..." Er fuhr stolz fort: „Ich hoffe, bald zum Abteilungsleiter befördert zu werden, und dann will ich mir einen neuen Wagen anschaffen. Aber ich befürchte, daraus wird wohl nichts, denn ich frage mich, ob der Verkauf überhaupt der richtige Berufszweig für mich ist. Ich glaube, ich bin kein allzu guter Verkäufer."

„Wir sind hier nämlich auf der Etage ‚Die Einstellung des Verkäufers'", erwiderte der Pförtner. „Das ist die wichtigste Säule des Erfolgs. Bitte kommen Sie." Heinrich Klee blieb unentschlossen am Aufzug stehen, doch der Pförtner schob ihn sachte voran, so dass er in den ersten Raum sehen konnte. In dem Zimmer war es vollkommen dunkel, erst als seine Augen sich an die Dunkelheit gewöhnt hatten, sah er, dass in der Mitte des Raumes ein gebeugter Mann saß und etwas auf eine Tafel schrieb. „Ich bin zum Verkäufer nicht geeignet", „Der Markt ist hart", „Das Verkaufen wird immer schwerer", „Es gibt sowieso niemanden, der mein Produkt kaufen will", „Unsere Kunden sind unbequem" war auf der Tafel zu lesen.

„Was macht dieser Mann?", fragte Heinrich Klee den Pförtner. „Jeder neue Besucher wird zuerst einmal gebeten, in einem dieser Räume seine grundsätzlichen Überzeugungen und Glaubenssätze zu notieren." Im nächsten Zimmer stand eine Frau an der Tafel. Dieses Mal konnte Heinrich Klee problemlos lesen, was sie an die Tafel schrieb, denn der Raum war hell und freundlich. „Ich bin eine erfolgreiche Verkäuferin", „Ich erreiche meine Umsatzziele" und „Mein Produkt hat für den Kunden einen hohen Nutzen".

„Was wir uns zutrauen, hängt davon ab, was wir über uns denken, an was wir glauben und was wir meinen erreichen zu können", sagte der Pförtner. „Die Voraussetzungen für unser Handeln werden von unseren persönlichen Überzeugungen geschaffen. Diese Glaubenssätze sind tief in uns verwurzelt, denn sie werden sehr früh in uns geprägt, meistens bereits in der Kindheit, zum Beispiel durch unsere Eltern und andere äußere Einflüsse." Heinrich Klee erinnerte sich an seinen Vater. Er hatte sich immer einen musisch talentierten Sohn gewünscht, und weil Heinrich eher praktisch veranlagt war, zeigte er sich ein wenig von Heinrich enttäuscht. Nicht, dass er ihm dies offen gesagt hätte, aber Heinrich konnte es spüren. Und als Heinrich seinem Vater mitgeteilt hatte, er wolle ins Verkaufsgeschäft einsteigen, war sein Vater wortlos aus dem Zimmer gegangen.

„Unsere Glaubenssätze bestimmen auch unsere Realität, sie beeinflussen, wie wir unsere Umwelt sehen. Wenn ich Sie nun bitten würde, Ihre Überzeugungen und Glaubenssätze niederzuschreiben, was glauben Sie: Würde sich der Raum eher verdunkeln oder erhellen?", fragte der Pförtner. „Ich muss mir also nur einreden, dass ich ein toller Verkäufer bin – und schon bin ich es", sagte Heinrich Klee ein wenig spöttelnd. „Wenn es doch nur so einfach wäre ..."

„Aber ja, das ist es", erwiderte der Pförtner. „Das kann ich Ihnen sogar beweisen. Schauen Sie doch bitte einmal in den nächsten Raum." Über dem Eingang zu dem Zimmer hing ein Schild. „Das Adam-Jackson-Experiment" war darauf zu lesen. „Und nun merken Sie sich alles, was die Farbe schwarz hat." Heinrich Klee schaute sich aufmerksam um: Ein tiefschwarzes Fernsehgerät, eine schwarze Kommode, auf der eine schwarze Vase stand, der Teppich war von dunklen Verzierungen durchzogen, ein paar schwarze Buchumschläge ... „Und nun schließen Sie die Augen ... gut ... und nennen mir alle roten Dinge, die Sie gesehen haben." Damit hatte Heinrich Klee natürlich nicht gerechnet. Er überlegte angestrengt. „Mir fällt nur die rote Tapete an der linken Seite ein, die war ja nicht zu übersehen." „Und jetzt nennen Sie mir einige grüne Dinge", forderte ihn der Pförtner auf. Wieder musste Heinrich Klee passen.

„Schauen Sie bitte selbst, wie viele andersfarbige Dinge sich in dem Zimmer befinden", rief der Pförtner aus. Und tatsächlich: Die rote Tapete, alle Bilder hatten grüne Rahmen, die Grundfarbe des Teppichs war blau, in der Vase standen rote Rosen – immer mehr farbige Dinge fielen Heinrich auf. „Sie haben mich auf eine falsche Fährte geführt", rief Heinrich Klee aus. „Ich habe nur auf die schwarzen Dinge geachtet." „Genau darauf will ich hinaus", versetzte der Pförtner. „Sie haben sich auf die Farbe Schwarz konzentriert und dann natürlich vor allem die schwarzen Dinge registriert. Alle anderen Gegenstände, alle andersfarbigen Dinge haben Sie übersehen. Aber: Sie sind da! Die negativen Glaubenssätze des Mannes in dem dunklen Raum führen dazu, dass er alles schwarz in schwarz sieht, die positiven Überzeugungen der Dame hingegen lassen sie ihre Umgebung heller und wärmer wahrnehmen."

Heinrich Klee dachte an seinen Kundenbesuch heute Morgen. Er war eigentlich von Anfang an davon überzeugt, er könne den Kunden nicht gewinnen. Und so war es dann auch. „Meine Tochter ist ein eher ängstlicher Typ", erzählte der Pförtner. „Sie ist viel zu früh auf die Welt gekommen, meine Frau und ich haben uns immer Sorgen um sie gemacht. Vielleicht haben wir ihr, ohne es zu wollen, eingeredet, sie solle stets sehr vorsichtig sein. Auf diese Weise haben wir ihr Selbstvertrauen nicht genügend gestärkt. Als ich dann – sie war fünf Jahre alt – mit ihr auf dem Schulhof das Fahrradfahren üben wollte, habe ich ihr Mut gemacht und ihr gesagt, dass sie es schaffen würde, genau wie sie es geschafft hat, am Tag zuvor zum ersten Mal allein in den Kindergarten zu gehen, ohne Begleitung ihrer Mutter. Darauf war sie sehr stolz."

„Und als Sie dann auf dem Schulhof waren, hat es sofort geklappt mit dem Fahrradfahren?" „Genau", sagte der Pförtner. „Ich hatte meine Tochter durch den Hinweis auf eine positive Erfahrung ermutigt. Stellen Sie sich vor, ich hätte zu ihr gesagt: ‚Hoffentlich klappt das besser als das Schlittenfahren im letzten Winter.' Meiner Tochter wäre eingefallen, wie sie damals mit dem Schlitten umgestürzt ist, dass sie sich weh getan hat und die anderen Kinder über sie gelacht haben."

„Ich verstehe langsam, was Sie meinen", sagte Heinrich Klee. „Aber in manchen Situationen ist es unmöglich, ein positives Haar in der Suppe zu finden", lächelte er. Der Pförtner erwiderte: „Sie müssen danach suchen und sich die Frage stellen: ‚Gibt es an dieser schwierigen Situation nicht doch etwas Positives, was mich weiterbringt?' Nehmen Sie das Kundengespräch mit Herrn Zimmermann. Was haben Sie gedacht, als das Gespräch beendet war?" „Ich war überzeugt, das Gespräch vollkommen falsch geführt zu haben, und habe, wie so oft in letzter Zeit, sehr an meinen Fähigkeiten gezweifelt." „Aber hätten Sie nicht auch etwas Angenehmes aus dem Gespräch mitnehmen können?" „Ja, ich habe ja selbst gemerkt, dass der alte Mann über seine Probleme sprechen wollte. Ich habe zugehört – und am Schluss hatte ich das Gefühl, ihm geholfen zu haben." "Nun, das hat sich ja auch bestätigt", schmunzelte der Pförtner und hob das Empfehlungsschreiben hoch. "Eigentlich haben Sie nach dem Grundsatz gehandelt: ‚Der Kunde ist König'. Der Kunde wollte in diesem Moment nichts kaufen, er suchte nach einem Gespräch von Mensch zu Mensch. Darauf sind Sie eingegangen, ganz ohne Hintergedanken, einfach weil Sie gespürt haben, dass Herr Zimmermann einen Menschen brauchte, der ihm zuhört – und keine Produkte. Übrigens glaube ich", fuhr der Pförtner fort, "dass Ihre wahre Einstellung zum Verkäuferberuf nicht auf den Verdienstmöglichkeiten und damit dem neuen Auto gründet. Ich glaube, Sie wollen den Menschen, den Kunden, helfen und nutzen."

Heinrich Klee unterbrach ihn. Wieder war es ihm peinlich, wenn jemand das ansprach, was seine Mutter immer etwas verächtlich seine ‚soziale Ader' genannt hatte. "Mir ist es derzeit einfach nicht möglich, diese positiven Aspekte an einer Sache zu sehen. Ich habe zu viele Sorgen und mache mir zu viele Gedanken. Nachts wache ich von Alpträumen geplagt auf, ich schlafe schlecht. Wenn ich diesen positiven Aspekt in dem Gespräch mit Herrn Zimmermann gesehen hätte, hätte mich das für das nächste Beratungsgespräch gewiss motiviert", sagte er. "Sie befinden sich in einer Negativ-Spirale", erwiderte der Pförtner. "Da müssen Sie herauskommen. Sie müssen sich von Ihren hemmenden Glaubenssätze abwenden und sich von fördernden Glaubenssätzen und Überzeugungen leiten lassen. Im Moment erwarten Sie von jeder Situation nur das Schlimmste, Sie sehen immer nur die Farbe Schwarz und übersehen die anderen Farben. Sie konzentrieren sich geradezu darauf, die dunklen Seiten des Lebens und des Verkaufsgeschäfts zu sehen. Wenn Sie in ein Kundengespräch hineingehen, haben Sie von vornherein die Erwartung, dass das Gespräch für Sie erfolglos verläuft. Lösen Sie sich von Ihrer Schwarzmalerei, sehen Sie auch in schwierigen Situationen das Positive. Rufen Sie sich vor einem Kundengespräch eine positive Erfahrung ins Gedächtnis, aus der Sie die Kraft und Energie gewinnen, die Situation zu meistern."

„Das sagen Sie so einfach. Wie soll ich das denn schaffen? Indem ich Ihre Wunderpille einnehme?" „Zum Beispiel", lachte der Pförtner. „Spaß beiseite", meinte Heinrich Klee, „ich sagte schon, mir fällt es schwer, an einer Sache nur das Positive zu sehen oder bei einem schlimmen Ereignis die Frage zu stellen, was denn bitte schön daran positiv war."

„So einfach ist es auch nicht", führte der Pförtner aus. „Wenn dieser Autofahrer heute Mittag Sie und vielleicht auch noch die Enkelin meines Vaters, die ja ganz in der Nähe war, verletzt oder sogar getötet hätte – ich weiß nicht, ob mein Vater dieser Situation etwas Positives hätte abgewinnen können. Aber wie ich ihn kenne", fuhr Hartmut Elke junior fort, „würde er nach einiger Zeit hier im Ort einen Gesprächskreis für Eltern einrichten, die ein ähnliches Schicksal erlitten haben, und so den betroffenen Müttern und Vätern Gelegenheit zum Erfahrungsaustausch und zur gegenseitigen Unterstützung bieten. Außerdem: Sie sollen ja die Realität nicht ausblenden", fuhr er fort. „Es ist aber nun einmal so, dass die meisten Ereignisse und Erfahrungen, so schlimm sie auch sein mögen, eine positive Seite haben. Jede Medaille hat zwei Seiten. Sie sollen nicht lernen, sich in jeder Situation einseitig auf das Positive zu konzentrieren. Ich bitte Sie aber, auch bei negativen Erfahrungen die Frage zu stellen, ob etwas an der Erfahrung Sie weiterbringen könnte."

In diesem Moment ging der Aufzug auf und eine ungefähr dreißigjährige Frau in einem Rollstuhl näherte sich ihnen. Die Frau strahlte ein großes Selbstbewusstsein aus. „Hallo, Hartmut", rief sie fröhlich, „ich wollte gerade für Herrn Klee neues Flipchart-Papier bringen." „Na so ein Zufall", sagte Herr Elke, und versuchte gar nicht erst, sein Schmunzeln zu verbergen, „ich möchte dir Herrn Klee vorstellen, Corinna." Er wollte Corinna eine Frage stellen, aber Heinrich kam ihm zuvor: „Kommen Sie, ich helfe Ihnen ... das ist aber ein sehr moderner Rollstuhl." „Ja, ich habe ihn erst vor kurzem bekommen. Der Unfall, dem ich ihm zu verdanken habe, ist aber bereits vor fünf Jahren geschehen." Heinrich Klee kam es seltsam vor, dass sie im Zusammenhang mit dem Rollstuhl das Wort „verdanken" benutzte. Corinna entging sein Erstaunen nicht. „Ich war eine recht erfolgreiche Skifahrerin, bis zu meinem schweren Unfall. Ein Bein musste amputiert werden, das andere ist auch nicht mehr zu gebrauchen", berichtete sie. „Sie ahnen, wie deprimiert ich war. Ich fragte mich, warum gerade mir das passieren musste. Ich versank in Selbstmitleid und wusste einfach nicht, was ich tun sollte. Eines Tages fragte mich meine zehnjährige Nichte, was sie tun müsse, um selbst einmal ein großer Skistar zu werden. Da wusste ich, was zu tun war. Ich kümmerte mich von da ab um die Verbesserung der Sicherheitsbestimmungen auf den Skipisten dieser Welt und gründete sogar eine entsprechende Organisation. Als Aktive macht man sich weniger Gedanken um den Sicherheitsaspekt, ich als ‚gebranntes Kind' wusste, wo anzusetzen war. So gewann ich langsam wieder Lebensmut.

Dann brachte mich ein Gespräch mit einer Freundin darauf, meine Erfahrungen als Skiläuferin zu nutzen. Als Spitzensportlerin ist es sehr wichtig, an sich zu glauben und die richtige Einstellung zu sich und seinem Sport zu finden …" – in Erinnerung an ihr Gespräch am Aufzug mussten Heinrich Klee und der Pförtner lächeln – „… und so bringe ich nun meine Erfahrungen an diesem Institut ein, und zwar als Mentaltrainerin auf der ‚Einstellungs-Etage'. Jetzt will ich aber das Papier in Herrn Klees Raum aufhängen."

Nachdem Corinna sie verlassen hatte, meinte der Pförtner: „Corinna Mooser hat das Beste aus ihrer Situation gemacht, nachdem sie erkannt hat, was sie ihrem Unglück an Positivem abgewinnen kann. Sie brauchte dafür zunächst einen Anstoß, nämlich den Wunsch ihrer Nichte, es ihr gleich zu tun. Dann aber ist ihr aufgefallen, dass ihr Unglück sie in die Lage versetzt hat, anderen Menschen zu helfen. Und so kann jeder Mensch seine Einstellung ändern. Adam Jackson hat in seinen ‚Geheimnissen des Glücks' geschrieben, dass dies jeder könne, ‚indem man beschließt, nach dem Geschenk, dem Positiven, das jede Erfahrung in sich trägt, Ausschau zu halten, und sich auf dieses Positive konzentriert'." „Wir können das lesen, wir können das hören, aber wenn wir es von jemandem erfahren, der es selbst erlebt hat", meinte Heinrich Klee und schaute auf die Tür, hinter der Corinna Mooser verschwunden war, „überzeugt es sofort. – Gut, ich habe verstanden. Ich muss an meiner Einstellung arbeiten und etwas verändern. Aber in welche Richtung? Und wie? Selbst wenn ich meine negativen Glaubenssätze aufspüre, wie gelange ich zu den fördernden, die mir weiterhelfen?", fragte er unsicher. „Derzeit fällt es mir schwer, an mich zu glauben. Ich habe vor allem Misserfolgserlebnisse. Bevor ich hierhin gekommen bin, habe ich mit einem ganz unangenehmen Kunden telefoniert, der mir einen Fehler nachgewiesen hat. Auch dieser Auftrag ist weg."

„Sie haben einen Fehler gemacht und der ‚unangenehme' Kunde hat Sie darauf hingewiesen?", fragte der Pförtner. „Kommen Sie einmal mit." Sie gingen an zahlreichen Räumen vorbei, in denen Heinrich Klee aber nichts erkennen konnte. „Wofür nur sind all diese Räume?", fragte er. „Für unsere Kunden. Wir gehen sehr individuell vor. Wenn ich einen neuen Kunden in unserem Institut herumführe, hat so gut wie jeder von ihnen seine eigenen Räume." Er blieb vor einem Zimmer stehen. „Dieser Raum ist nur für Sie bestimmt. Nur Sie können erkennen, was es damit auf sich hat. Bitte schön."

Heinrich Klee betrat den Raum, in dem sich nichts weiter als ein Tisch befand, auf dem zwei Stapel Papier lagen, ein kleiner und ein sehr großer Stapel. Er blätterte die Unterlagen durch. Der große Stapel enthielt Kopien von Aufträgen, die er abgeschlossen hatte, Dankes- und Empfehlungsschreiben – eine Kopie des Briefes von Herrn Zimmermann befand sich ebenfalls unter den Blättern –, auch Briefe an seinen Vorgesetzten waren darunter, die er nicht kannte und in denen er lobend für sein kundenfreundliches Verhalten erwähnt wurde. Er las sie aufmerksam durch und staunte, dass sich bei seinem Vorgesetzten auch Kunden positiv über ihn geäußert hatten, denen er nichts verkaufen konnte. Der zweite schmale Stapel enthielt Unterlagen und Informationen zu Kunden, denen er nichts verkauft hatte. Sie stammten vor allem aus der letzten Zeit. Auch sie sah er sich aufmerksam an.

„Fällt Ihnen etwas an Ihrer Erfolgsbilanz auf?", fragte der Pförtner. „Ich bin anscheinend ein besserer Verkäufer, als ich dachte", sagte Heinrich Klee. „So viele Dankesschreiben, so viele zufriedene Kunden." Er seufzte. „Die Schreiben des kleineren Stapels betreffen, so weit ich mich erinnern kann, vor allem Kunden und Kundengespräche, bei denen ich schon von Beginn an dachte, dass es eh schief geht. Bei den anderen bin ich meistens mit der Erwartung ins Gespräch gegangen, dem Kunden nutzen und helfen zu können."

Nach eine kurzen Gedankenpause fuhr er fort: „Ich verstehe. Es gibt keine angenehmen oder unangenehmen Kunden. Der Kunde ist immer König, und wenn das Gespräch nicht so verläuft, wie ich es will, trage ich allein die Verantwortung dafür. Sogar der Kunde heute Morgen: Indem er mich auf den Fehler aufmerksam gemacht hat, hat er mir weitergeholfen. Der Fehler wird mir in Zukunft nicht mehr durchgehen", fügte er staunend hinzu.

„Wenn wir etwas falsch machen, dann ist das kein Misserfolg oder Versagen, sondern es ist ein erzieltes Ergebnis", äußerte der Pförtner. Eine Chance zu lernen, sich weiter zu entwickeln. Wenn unserem Tennisspieler 30 Fehler beim Aufschlag unterlaufen, weiß er, dass er den Aufschlag üben, sich vielleicht eine neue Aufschlagtechnik aneignen muss. Und mit dieser Einstellung wird ihm das auch gelingen. Wenn Sie etwas besser machen wollen, müssen Sie erst einmal erkennen, was Sie falsch gemacht haben. Ihr Kunde heute Morgen hat Ihnen dabei geholfen. Betrachten Sie den Hinweis auf den Fehler nicht als Angriff auf Ihre Person, betrachten Sie ihn als Hinweis auf ein Gebiet, auf dem Sie sich verbessern können."

Heinrich Klee schwieg und dachte nach. „Sie haben einen ersten Schritt in die richtige Richtung gemacht", sprach Hartmut Elke junior weiter. „Wir haben gleich 13.00 Uhr und müssen in den zweiten Stock. Doch vorher warten die zwei letzten Räume auf Sie."

Sie gingen auf das Zimmer am Ende des Flurs zu, das als einziges ein Tür hatte. „In diesem Raum können Sie sich etwas ausruhen und über das Gesehene und Gehörte nachdenken. Corinna Mooser hat Papier bereit gelegt, falls Sie sich Notizen machen wollen. Ein Flipchart steht für Sie bereit." Er legte eine bedeutsame Pause ein. „Danach können Sie entscheiden, ob Sie die Pille nehmen wollen. Und nur, wenn Sie die Pille einnehmen, dürfen Sie den Raum betreten, auf dessen Tür ‚Trainingsraum' steht." „Ja, in Ordnung", sagte Heinrich Klee.

Heinrich Klee betrat den Raum und setzte sich an den Tisch. ‚Es war zumindest nicht falsch, dass ich mich entschlossen habe, hier hinzugehen', dachte er. Er trat an das Flipchart heran, überlegte kurz und schrieb dann nieder:

Die drei Säulen des Erfolgs sind: Einstellung, Wissen und Können.

Die Einstellung bildet die Grundlage des Erfolgs.

Meine Glaubenssätze und Überzeugungen prägen meine Sichtweise und meine Einstellungen.

Ich glaube, ich bin doch ein guter Verkäufer.

Ich war bisher immer dann ein erfolgreicher Verkäufer, wenn ich den Nutzen des Kunden in den Mittelpunkt gestellt habe.

> *Ich versuche, das Positive an meinen Erfahrungen und Erlebnissen zu sehen. Auch bei schlechten Erfahrungen muss ich nach positiven Aspekten Ausschau halten.*

Nachdem er zunächst voller Elan mit dem Schreiben begonnen hatte, überfielen ihn doch immer mehr Zweifel; er wusste immer noch nicht, wie er seine Einstellung konkret ändern könnte. Er dachte nach. ‚Bestimmt ist es doch so, dass auch die erfolgreichsten Tennisspieler sich diese Einstellung erarbeiten müssen. Sie stellen sich jeden Tag auf den Platz und üben Schläge und Technik. Da reden sie sich doch bestimmt nicht einfach nur ein, sie seien gute Tennisspieler, müssten sich immer auf jeden Gegner hundertprozentig einstellen und sich immer wieder auf den nächsten Ball, den nächsten Punkt konzentrieren. Diese Einstellung trainieren sie vielleicht ebenso wie den Top Spin oder den Aufschlag.' Er wusste nicht weiter. ‚Was wohl hinter dieser Tür ist?', überlegte er. Auf jeden Fall Corinna Mooser, denn sie konnte nirgendwo anders hin verschwunden sein, sie war nicht wieder an ihm und dem Pförtner vorbeigekommen. Aber das konnte er nur überprüfen, indem er die Pille nahm. ‚Nein', sagte er sich, ‚zuerst schaue ich mir den zweiten Stock an'. Er verließ den Raum, der Pförtner erwartete ihn bereits. „Aha, Sie wollen also zuerst sehen, was wir sonst noch zu bieten haben. Na, das geht den meisten so. Bitte, gehen wir zum Lift." Mittlerweile war es 13.00 Uhr.

DIE ZWEITE ETAGE: MOTIVIERENDE ZIELE UND ZIELKLARHEIT

Der Pförtner und Heinrich Klee betraten den Aufzug und fuhren in den zweiten Stock. „Übrigens, ich werde jetzt gleich wieder in meine Pförtnerloge zurückkehren", meinte Hartmut Elke, „und Sie in die Obhut der Leiterin der zweiten Etage entlassen." „Hat jede Etage Ihres Instituts einen Leiter?", fragte Heinrich Klee. „Ja, oder eine Leiterin", antwortete der Pförtner. „Meine Aufgabe besteht darin, unseren Gästen die erste Etage zu zeigen. Frau Ingrid Kläser erwartet Sie." „Sie sind immerhin der Sohn des Institutsleiters", warf Heinrich Klee noch rasch ein, „und wenn ich Sie richtig verstanden habe, leiten Sie die erste Etage. Wieso nennen Sie sich dann nur den Pförtner des Hauses?" „Das ist noch ein Relikt aus der Zeit, zu der mein Vater und ich begannen, dieses Institut aufzubauen. Wir verfügten damals noch nicht über dieses Gebäude, sondern lediglich über ein kleines Büro, das nur aus drei Zimmern bestand. Ich empfing damals die Leute und führte die Vorgespräche. So bürgerte sich mehr spaßeshalber der Name ‚Pförtner' für mich ein. Als wir dann expandierten, blieb es dabei. Aber natürlich obliegt einem Pförtner zudem eine wichtige Aufgabe – er empfängt die Besucher eines Gebäudes und verweist Sie an die richtige Stelle. Und genau das ist noch heute meine Aufgabe. Das betrifft sowohl die Räumlichkeiten als auch die Grundlage des Verkaufens, nämlich die Einstellung. Das ist der Grund, warum mich alle Mitarbeiter und Angestellten den *Pförtner* nennen, obwohl ich mit der Leitung der wichtigen ersten Etage betraut bin."

Die Aufzugstür öffnete sich, und dieses Mal bot sich Heinrich Klee ein ganz anderes Bild als im ersten Stockwerk: In der Mitte eines riesigen Raumes befand sich ein Labyrinth, welches aus einer Vielzahl von Wänden bestand. Das Labyrinth hatte mehrere Ein- und Ausgänge, durch die andauernd Menschen ein und aus gingen. Die meisten Menschen, die aus dem Labyrinth herauskamen, schüttelten den Kopf und sahen recht verzweifelt aus.

„Ah, da ist ja auch Frau Kläser, die Leiterin der Abteilung." Der Pförtner stellte Ingrid Kläser und Heinrich Klee einander vor und verabschiedete sich von Heinrich Klee. „Wir sehen uns gleich in der Kantine", meinte er und verschwand wieder in dem Aufzug.

Heinrich Klee bestaunte das Labyrinth. „Was passiert denn hier?", fragte er die Leiterin. „Wir führen eine kleine Untersuchung durch", antwortete Frau Kläser. Ingrid Kläser war eine kleine und dynamische Frau von knapp 50 Jahren. „Vielleicht wollen Sie sich auch daran beteiligen?" „Worin besteht diese Untersuchung denn?", fragte Heinrich Klee. „Nun, Sie müssen eigentlich nur eine einzige Frage beantworten, Herr Klee, nämlich: Bitte stellen Sie sich vor, morgen wäre der letzte Tag Ihres Lebens. Was würden Sie an diesem Tag tun?" Heinrich Klee kam die Frage sehr seltsam vor; warum sollte morgen der letzte Tag seines Lebens sein? Er war gesund und wurde heute immerhin erst 33 Jahre alt. Aber da er beschlossen hatte, sich auf die außergewöhnlichen Methoden des Instituts einzulassen, schloss er die Augen und versuchte sich vorzustellen, was er tun würde, wenn er nur noch einen Tag zu leben hätte. Nach einiger Zeit öffnete er die Augen. „Ich muss gestehen, dass ich mir fast so vorkomme, als sei ich in diesem Labyrinth. Mir sind so viele verschiedene Gedanken und Ideen durch den Kopf geschossen, dass ich gar nicht wüsste, womit ich morgen beginnen sollte." „Dann geht es Ihnen wie den meisten Menschen. Wir haben festgestellt, dass ungefähr 95 Prozent aller Menschen Probleme haben, klar und eindeutig zu sagen, was sie an solch einem letzten Tag machen würden. Das führt dazu, dass sie richtungslos dahintreiben und sich wie in einem Labyrinth vorkommen. Sie haben kein klares Ziel vor Augen, schlagen immer wieder einen anderen Weg ein, sie werden sehr schnell ungeduldig, wenn ein Weg sie in die Irre führt." „Ist es denn überhaupt notwendig, ein klares Ziel zu haben?", fragte Heinrich Klee. „Ziele sind überlebensnotwendig", antwortete Ingrid Kläser. „Ziele geben unserem Leben einen Rahmen, einen Inhalt, einen Sinn und Zweck. Mein Großvater geriet während des Ersten Weltkriegs in Gefangenschaft. Er musste unter fast menschenunwürdigen Bedingungen leben und war an vielen Tagen sehr verzweifelt. Aber er hatte vor den Wärtern ein Foto verbergen können, das ihn zusammen mit seiner Frau und seinen zwei Kindern zeigte. Jedes Mal, wenn seine Verzweiflung fast unerträglich war, betrachtete er das Foto und stellte sich vor, seine Frau und seine Kinder eines Tages wiederzusehen. Dieses Wiedersehen war sein Ziel, das seinem Leben in der Kriegsgefangenschaft einen Sinn gab. Dieses Ziel ließ ihn die äußerst harte Zeit der Kriegsgefangenschaft ertragen, und tatsächlich überlebte er diese schwierige Zeit und kehrte zu seiner Familie zurück. Als ich klein war, hat er mir diese Geschichte oft erzählt, und so lernte ich schon sehr früh die Macht der Ziele kennen."

Heinrich Klee erinnerte sich an seinen Vater, der sich nach seiner Pensionierung in die eigenen vier Wände zurückgezogen hatte, einen Großteil des Tages vor dem Fernsehapparat verbrachte und ansonsten nur ab und zu noch einen Spaziergang unternahm. Es war, als ob er nach dem Abschied von der Berufswelt in seinem Leben keinen rechten Sinn und Zweck mehr erkennen und sich für nichts mehr begeistern konnte. ‚Mein Vater hat kein Ziel mehr vor Augen, das ihn motiviert, etwas anderes zu unternehmen, als Fernsehen zu schauen und Spaziergänge zu unternehmen', dachte Heinrich Klee. ‚Aber geht es mir denn anders?'

„Sie sprachen gerade von den 95 Prozent der Menschen, die nicht formulieren können, was sie an ihrem letzten Tag tun würden", sagte Heinrich Klee. „Was ist mit den übrigen 5 Prozent?" „Diese Menschen haben eine klare Vorstellung von dem, was sie in ihrem Leben erreichen wollen. Sie haben ein konkretes Lebensziel, einen Traum, den sie verwirklichen wollen, eine Vision. Sie setzen alle ihre Kräfte ein, dieses Ziel zu verwirklichen. Wer sich für sein Leben kein klares Hauptziel setzt, verschwendet seine Energien auf den verschiedensten Gebieten. Menschen, die ein Hauptziel verfolgen, können die Aufgabe, die ich Ihnen soeben gestellt habe, ganz schnell und einfach lösen, denn sie würden an ihrem letzten Tag all ihre Kraft, ihr gesamtes Potenzial und ihre Fähigkeiten einsetzen, ihr Hauptziel zu erreichen oder ihm zumindest näher zu kommen. Sie bündeln ihre Kräfte und stellen sie in den Dienst der Erreichung ihres Hauptziels. Denken Sie nur an eine Leselupe, mit der Sie die Sonnenstrahlen so sehr auf einen einzelnen Punkt fokussieren können, dass sie in ein Blatt Papier ein Loch brennen können. Ohne das Brennglas, das sich in der Leselupe befindet, nutzen Ihnen die Sonnenstrahlen von Tausenden von Sonnen nichts. Sie würden das Ziel, ein Loch in das Papier zu brennen, niemals erreichen.

Schauen Sie sich das Labyrinth an", fuhr sie fort. „In der Mitte des Labyrinths befindet sich unser Zielraum. Was genau sich in dem Zielraum befindet, bestimmt natürlich jeder Mensch selbst. Die Aufgabe, das Hauptziel zu benennen, obliegt jedem Menschen selbst, das kann einem niemand abnehmen. Die meisten Menschen gehen mal diesen Weg, mal diesen Gang entlang, um sich in dem Labyrinth zurecht zu finden und geben dann frustriert auf. Sie wissen gar nicht, dass es in der Mitte des Labyrinths einen Zielraum gibt. Jene 5 Prozent jedoch überlegen vor dem Betreten des Labyrinths erst einmal, was es mit ihm auf sich hat. Sie fragen mich, was das Labyrinth bedeuten soll, und ich erzähle ihnen dann von dem Zielraum. Diese Menschen nehmen sich dann vor, den Zielraum zu erreichen und denken darüber nach, wie sie den Weg zu dem Zielraum finden können."

„Zum Beispiel, indem sie mit Hilfe der Leselupe ein Loch in die Wand brennen und sich so Schritt für Schritt bis zur Mitte des Labyrinths vorarbeiten," meinte Heinrich Klee. „Zum Beispiel", erwiderte Ingrid Kläser. „Aber natürlich wäre es viel zu gefährlich, in diesem Raum ein Brennglas zu benutzen", schmunzelte sie. „Aber Sie haben das Prinzip klar formuliert: Wer weiß, welches Ziel er hat, bündelt automatisch seine Energien und verwendet seine gesamte Kraft darauf, dieses Ziel zu erreichen."

Heinrich Klee dachte an die letzten Wochen und die Mühe, die er morgens beim Aufstehen hatte. Weil es im Beruf nicht mehr so recht klappte, fragte er sich morgens oft, welchen Sinn es denn überhaupt noch hatte, zur Arbeit zu gehen. Er erlebte ja doch nur weitere Enttäuschungen. ‚Ich muss mir erst einmal darüber Klarheit verschaffen, was ich in meinem Leben erreichen möchte', dachte er. ‚Das gilt auch für meinen Beruf.'

„Würde es mir in meinem Beruf auch weiterhelfen, wenn ich ein klares Ziel vor Augen hätte?", fragte er Ingrid Kläser. „Da bin ich ziemlich sicher", versetzte die Leiterin der zweiten Etage. „Bevor ich in die

Dienste von Herrn Elke getreten bin und die Leitung der Abteilung ‚Motivierende Ziele und Zielklarheit' übernommen habe, bin ich als Verkäuferin tätig gewesen. Das Kriegserlebnis meines Großvaters hatte mir gezeigt, wie wichtig es ist, sich klare Ziele zu setzen, Ziele, die einen begeistern und beflügeln und mit Begeisterung erfüllen, Ziele, die es einem sogar gestatten, solch schwierige Situationen zu bestehen, wie mein Großvater sie zu durchleiden hatte."

Ingrid Kläser stockte. „Es ist, als ob mein Großvater gerade jetzt neben mir steht. ‚Lebe Deinen Traum', so hatte mein Großvater es mich gelehrt. Und mein Traum war es, Menschen meine Erfahrungen zu vermitteln und ihnen vor Augen zu führen, wie bedeutsam die Definition von Zielen ist. Und das Verkaufsgeschäft selbst war der ideale Bereich, dies zunächst einmal am eigenen Leibe zu erleben."

Nach kurzem Nachdenken fuhr Ingrid Kläser fort: „Mein Großvater war in der Gefangenschaft darauf angewiesen, sich sein Hauptziel immer wieder vor sein geistiges Auge zu rufen. Wann immer möglich stellte er sich vor, wie er seine Familie wieder in die Arme schließt, seine Frau küsst, die Stimmen seiner Lieben hört, die Wiedersehenstränen seiner Kinder schmeckt, sein Gesicht in ihren Haarschöpfen versenkt. ‚Wenn es mir möglich gewesen wäre', so sagte er mir, ‚hätte ich ein Tagebuch geführt, und mich dort immer wieder selbst aufgefordert, mein Ziel nicht aus den Augen zu verlieren.' Das brachte mich dann auf die Idee, einen Vertrag mit mir selbst abzuschließen, in dem ich mich verpflichtete, mein Ziel zu erreichen. Diesen Vertrag unterschrieb ich, und wenn mich Zweifel befielen, das Ziel auch zu erreichen, holte ich den Vertrag hervor, um mich aufs Neue zu motivieren und zu begeistern. Und dann stellte ich mir vor, wie ich mich fühlen würde, wenn ich meinem Ziel Schritt für Schritt näher komme. Ich malte mir die Freude aus, die die Menschen empfinden, die ich von der Notwendigkeit der klaren Zielformulierung überzeuge. Ich sorgte so dafür, dass das Feuer der Begeisterung nie in mir erlosch."

„Ich glaube, Sie haben wieder Grund zur Freude", meinte Heinrich Klee, „denn mit mir haben Sie wieder einen Menschen überzeugt" „Kommen Sie", sagte Ingrid Kläser, „ich möchte Ihnen gerne den Zielraum in der Mitte des Labyrinths zeigen." Zielstrebig betrat sie das Labyrinth. ‚Ich bin gespannt, welches Ziel sich dort befindet. Hatte die Leiterin aber nicht gesagt, jeder Mensch müsse sein persönliches Ziel selbst formulieren?', fragte sich Heinrich Klee gespannt und folgte ihr.

Nach kurzer Zeit standen sie in der Mitte des Labyrinths. Wieder war Heinrich Klee erstaunt, denn sie befanden sich in einem Raum, dessen Wände mit zahlreichen Flipchartblättern bedeckt waren. „Welches Hauptziel Sie sich setzen, müssen Sie selbst entscheiden", meinte sie. „Wir zeigen Ihnen nur, welche Methode Sie dabei anwenden können." Ingrid Kläser zeigte auf eines der Flipchartblätter. „Ratsam ist es, zunächst sein Lebensziel zu formulieren. Das Lebensziel sollte realistisch und möglichst ganzheitlich sein, also alle für Sie wichtigen Lebensbereiche umfassen: Arbeit und Beruf, Vermögen und Karriere, Gesundheit und Fitness, Privatleben und Hobbys, Familie und Freunde. Viele Menschen begehen den Fehler, ihr Hauptziel zu einseitig zu formulieren und andere wichtige Lebensbereiche außer Acht zu lassen. Wer zum Beispiel viel arbeitet, um erfolgreich im Beruf zu sein, droht sein Privatleben und seine Freunde zu vernachlässigen und gesundheitliche Schäden davon zu tragen. Wer nur gesundheitliche Aspekte in den Vordergrund stellt, vergisst darüber seine beruflichen Ziele und vernachlässigt die Notwendigkeit, sich und die Familie auch materiell zu versorgen. Wir empfehlen also, jede Einseitigkeit zu vermeiden und zumindest die Lebensbereiche, die einem sehr wichtig sind, in ein harmonisches Gleichgewicht zu bringen."

„Ich hatte einmal eine sehr gute Freundin", erinnerte sich Heinrich Klee ein wenig wehmütig. „So etwas nennt man wohl Sandkasten-Liebe", lächelte er. „Wir haben uns als Kinder geschworen, nie jemand anderen zu heiraten. Und als wir älter wurden, sah es auch ganz danach aus, als ob wir ein Paar würden. Aus dem Sandkastenspaß schien tatsächlich Ernst zu werden. Aber als Sabine dann in einer Werbeagentur zu arbeiten begann, hatte sie nichts als ihre Karriere im Kopf. Sie ist heute, so habe ich gehört, Besitzerin einer eigenen Agentur und sehr wohlhabend, hat sich aber vor kurzem von ihrem Mann getrennt", meinte er. „Ich habe sie seit längerem nicht mehr gesprochen und weiß es nicht genau, aber vielleicht ist sie im Privatleben gescheitert, weil ihre Lebensplanung zu einseitig auf den Beruf fixiert war." „Ja, das mag durchaus sein", erwiderte Ingrid Kläser. „Vielleicht sprechen Sie einmal mit ihr. Anscheinend haben auch Sie diese Freundschaft ein wenig vernachlässigt." ‚Ja', dachte Heinrich Klee, ‚ich werde Sie gleich morgen anrufen.'

Ingrid Kläser lenkte seine Aufmerksamkeit wieder auf die Flipchartblätter an den Wänden. „Aus Ihrem Hauptziel können Sie nun weitere Ziele ableiten", erläuterte sie. „Ihre beruflichen und privaten Ziele, Ihre lang-, mittel- und kurzfristigen Ziele. Schauen Sie" – sie zeigte auf Blätter, auf denen eine ganze Anzahl von Zielen aufgelistet waren – „Sie können Ihre Ziele auf diese Weise in Jahres-, Monats- ja sogar in Tagesziele herunterbrechen. So steht Ihr Ziel, einem Kunden ein Angebot zu unterbreiten, das ihm einen Nutzen bringt, und Ihr Ziel, einmal in der Woche in ein Fitnessstudio zu gehen, immer in einem Zusammenhang mit den übergeordneten Zielen und Ihrem Hauptziel. Wichtig ist, die Ziele so klar wie möglich und positiv zu formulieren. Also nicht etwa: ‚Ich möchte nicht mehr übergewichtig sein', sondern: ‚Ab sofort laufe ich vier Mal die Woche den Trimm-dich-Pfad. Mein Gewicht bringe ich bis zum 30.6. nächsten Jahres auf unter 80 kg. Wenn ich das schaffe, belohne ich mich mit einer neuen Stereoanlage.' So motivieren Sie sich selbst, und die konkrete Zieldefinition macht es möglich, Fortschritte zu überprüfen. Auch hier können Sie wieder einen Vertrag mit sich selbst schließen – bei Vertragsbruch werden Sie bestraft, bei Erfüllung belohnt. Und noch ein kleiner Trick: Da Sie Ihre Ziele, wenn Sie sie formulieren, ja noch nicht erreicht haben, stellen Sie sich einfach den Zustand vor, in dem Sie sich befinden, wenn Sie erst einmal die Ziellinie überschritten haben." „Ich erinnere mich an ein Seminar", sagte Heinrich Klee, „in dem uns empfohlen wurde, einen mentalen Film zu drehen, der uns in eben jenem Zustand der Zielerreichung zeigt." „Das ist auch eine gute Methode, seine Ziele im Unterbewusstsein abzulegen", meinte Ingrid Kläser. „So richten Sie sich, Ihr Denken und Ihr Handeln gleichsam darauf, Ihre Ziele nicht aus dem Auge zu verlieren."

„Aber es genügt doch nicht, sich die Ziele zu setzen", gab Heinrich Klee zu bedenken. „Nein, natürlich nicht", bestätigte die Leiterin der zweiten Etage. „Sie müssen auch ins Handeln, in die Umsetzung kommen. ‚Es ist nicht genug, zu wissen, man muss es auch anwenden; es ist nicht genug, zu wollen, man muss es auch tun.' Das stammt von Johann Wolfgang von Goethe und gehört zu den wichtigsten Leitsprüchen unseres Instituts. Das heißt, Sie müssen loslaufen und dann auch die entsprechende Ausdauer an den Tag legen, Ihre Ziele zu erreichen. Gerade beim Verkauf gilt: Noch wichtiger als das Beginnen, das Loslaufen, ist das Durchhalten. Es sind vor allem drei kleine Wörter, die den Erfolgreichen vom weniger Erfolgreichen, den erfolgreichen Verkäufer vom weniger erfolgreichen Verkäufer unterscheiden, nämlich: ‚... und etwas mehr!' Erfolgreiche Verkäufer tun alles das, was man von ihnen erwartet – und dann noch etwas mehr! Der Erfinder Thomas Alva Edison hat einmal gesagt: ‚Ich habe nie etwas zufällig getan, noch kam irgendeine meiner Erfindungen durch Zufall zustande. Sie sind der Ertrag harter Arbeit.'"

„Sie meinen also, auch beim Verkaufen gilt das Sprichwort: ‚Ohne Fleiß kein Preis'?", fragte Heinrich Klee. „Genau", versetzte Ingrid Kläser. „Ein Ziel ohne konkreten Plan, welche Schritte notwendig sind, ihn zu verwirklichen, ist nur die Hälfte wert. Sind die Ziele erst einmal festgesetzt, muss eine Strategie entwickelt werden, der die Umsetzung des Plans umfasst, und zwar Schritt für Schritt, mit möglichst genauen Angaben, bis hin zu einem Zeitplan. ‚Ich werde ab morgen einen Monat lang jeden Tag einen Kundenbesuch machen, fünf Stammkunden anrufen und mit zehn potenziellen Neukunden telefonieren.' Das ist eine klare Zielformulierung." Sie zeigte auf ein Flipchartpapier, das die Überschrift „Tagesplan" trug und den Ablauf eines Arbeitstages detailliert darstellte. „Es gibt keinen Aufzug, um auf den Gipfel des Erfolges zu kommen. Sie müssen die Treppe benutzen und eine Stufe nach der anderen nehmen. Und wenn Sie dabei Ihr großes Hauptziel immer vor Augen halten, wird es Ihnen leicht fallen, auch die mühsamen Stufen zu nehmen und auch dann weiter nach oben zu steigen, wenn es einmal nicht so gut läuft. Denn Sie wissen, dass dies notwendig ist, um Ihr Ziel zu erreichen. Und diese Motivation, diese Vorfreude animiert Sie, immer etwas mehr zu tun als andere, immer etwas mehr zu tun, als eigentlich von Ihnen verlangt wird."

Ingrid Kläsers Stimme wurde immer lauter, sie sprach schnell und erregt – Heinrich Klee spürte das Feuer der Begeisterung, das in ihr brannte. „Sie stecken mich mit Ihrer Begeisterung an", sagte er, „obwohl ich immer noch nicht sagen könnte, welches Hauptziel für mich das entscheidende ist." „Vielleicht hilft Ihnen da unsere Vitaminpille weiter", sagte Ingrid Kläser, „oder hartes Training." Sie schaute auf die Uhr und erschrak ein wenig. „Oh, in ein paar Minuten ist es 14.00 Uhr. Man erwartet uns gleich im dritten Stock. Ich lasse Sie jetzt allein, damit Sie über das nachdenken können, was Sie auf der zweiten Etage erfahren haben. Übrigens: Für jedes Stockwerk gibt es eine besondere Pille, hier ist also Ihre zweite. Aber denken Sie bitte daran, worum Sie der Pförtner gebeten hat. Sie dürfen nur hinter diese Stellwand gehen, auf der ‚Trainingsraum' steht, wenn Sie vorher die Pille genommen haben. Ich erwarte Sie dann dort." Sie übergab ihm eine Pille und verschwand hinter der Stellwand.

Heinrich Klee ging zu dem Flipchart und notierte:

> *Ziele sind der Motor des Lebens und geben ihm erst einen Sinn und eine Richtung.*
>
> *Wer sich keine Ziele setzt, verirrt sich im Labyrinth der Unentschlossenheit und Ziellosigkeit.*

> *Ziele motivieren und entfachen in Menschen das Feuer der Begeisterung.*
>
> *Finde deine Lebensvision, setze dir ein Hauptziel, aus dem du alle weiteren Ziele ableitest.*
>
> *Ziele müssen umgesetzt werden. Entwerfe eine Umsetzungsstrategie und dann lauf los, um deine Ziele zu erreichen..*

Heinrich Klee dachte an Herrn Zimmermann, den er durch aufrichtiges Zuhören als Kunden gewonnen hatte, an seinen Erfolgsstapel im ersten Stockwerk, an seine Freundin aus Kinderzeiten, zu der er so rasch wie möglich Kontakt aufnehmen wollte, um ihr vielleicht zu helfen. ‚Ist es möglich, dass meine Berufung darin liegt, anderen Menschen zu nutzen?', überlegte er. ‚Auch als Verkäufer? Sollte meine Lebensvision mit dieser Berufung in einem Zusammenhang stehen?' Er war unschlüssig. ‚Auf jeden Fall habe ich in den letzten zwei Stunden mehr über mein Leben nachgedacht, als dies in den 33 Jahren zuvor der Fall war. Wer weiß, was mir dieser Tag noch alles bringt. Ich werde mir erst einmal anschauen, was der dritte Stock bereithält.' Und deshalb entschloss er sich, auch dieses Mal die Vitaminpille nicht einzunehmen, obwohl die Versuchung groß war. „Frau Kläser", rief er, „ich möchte gerne in den dritten Stock." Ingrid Kläser trat hervor und begleitete ihn zum Lift.

DIE DRITTE ETAGE: DIE WELT DES KUNDEN

„Herr Klee, ich übergebe Sie gleich in die Hände unseres Coachs, der sich mit dem Thema Beziehungsmanagement beschäftigt", sagte Ingrid Kläser, „der Coach heißt Helmut Leekmann. Für 15.00 Uhr haben wir für Sie einen kleinen Imbiss in der Kantine vorbereitet. Herr Leekmann wird Sie dorthin begleiten. Nun aber wünsche ich Ihnen viel Spaß bei der Entdeckung neuer Welten." „Na, hoffentlich wird das nicht eine unheimliche Entdeckung der dritten Art", scherzte Heinrich Klee, während er darüber nachdachte, was sich hinter dieser mysteriösen Ankündigung verbergen mochte. „Oh, wer weiß. – So, da sind wir. Bis bald."

Die Aufzugstür öffnete sich – und Heinrich Klee stand seinem eigenen Spiegelbild gegenüber. Neben dem Spiegel stand Helmut Leekmann, der ihn freundlich und auf sehr herzliche Art begrüßte. Helmut Leekmann schien zu den Menschen gehören, zu denen man sofort Vertrauen fasste. Heinrich Klee schätzte ihn auf 40 Jahre. Er war Heinrich Klee auf den ersten Blick sympathisch.

„Guten Tag, Herr Klee. Willkommen in der Welt des Verkäufers!" Er zeigte auf Heinrich Klees Spiegelbild. Heinrich Klee sagte: „Na, Sie kommen ja gleich zur Sache. Aber es stimmt. Wenn ich einen Kunden besuche, überlege ich mir genau, wie ich vorgehen werde. Dafür habe ich meinen vorbereiteten Gesprächsleitfaden. Ich zähle die Gründe auf, die für den Kauf meines Produktes sprechen, ich nenne die Produktvorteile, an einem schönen Rechenbeispiel zeige ich dem Kunden zudem, wie günstig mein Preis ist. Schließlich bietet die Konkurrenz ähnliche Produkte an, und da die Produkte so ähnlich sind, ja oft sogar austauschbar, muss ich eben mit dem Preisargument arbeiten. Ich muss mich also schon sehr mit mir beschäftigen, um mich optimal auf den Kunden vorzubereiten." „Ist Ihnen aufgefallen, wie oft in Ihrer Beschreibung das Wort ‚Ich' vorkommt?", fragte Helmut Leekmann. Heinrich Klee schaute in den Spiegel. Tatsächlich, das stimmte. „Dabei ist es doch eine Selbstverständlichkeit, dass in der Begegnung zwischen Verkäufer und Kunde zwei Menschen zusammentreffen", fuhr Herr Leekmann fort. Wo bleibt in Ihrer Beschreibung denn der Kunde?", fragte er freundlich. Heinrich Klee schwieg.

„Die meisten Verkäufer stellen beim Verkaufen ihre eigenen Interessen und Ziele zu sehr in den Mittelpunkt. Natürlich aus berechtigten Gründen. Sie handeln im Sinne ihres Unternehmens und in ihrem eigenen Interesse, wenn sie etwas verkaufen. Schließlich ist das Verkaufen ihre Aufgabe. Sie vergessen darüber aber oft den Kunden und dessen Interessen. Viele Verkäufer leben in ihrer Welt – und nicht in der Welt des Kunden!" Heinrich Klee fragte: „Warum sollte ich in der Welt des Kunden leben? Und wie kann das denn funktionieren?" „Sie haben die Antwort soeben selbst angedeutet", versetzte Helmut Leekmann. „Wenn die Produkte und Dienstleistungen, die wir verkaufen wollen, einander immer ähnlicher werden, warum sollte der Kunde sie ausgerechnet bei Ihnen kaufen? Mit der Preispolitik kommen Sie nicht weit – bei der Vielzahl der konkurrierenden Anbieter wird es so gut wie immer einen geben, der günstiger ist als Sie!" „Aber wenn ich den Kunden gut berate, wird er auch bei mir kaufen!", rief Heinrich Klee aus. „Schauen Sie sich doch zum Beispiel den Fachhandel an", antwortete Helmut Leekmann. „Wie oft werden dort kompetente Beratungen durchgeführt – und der Kunde kauft sich das Produkt danach per Selbstbedienung im Elektrosupermarkt. Oder er bestellt das Produkt zu Hause am PC, über das Internet." Heinrich Klee dachte nach: „Sie könnten Recht haben, aber nicht in dieser Ausschließlichkeit. Mir ist es auch schon passiert, dass ich einen Kunden gut beraten habe, so dass er von dem Produkt überzeugt zu sein schien. Gekauft hat er es dann aber nicht. Vielleicht um im Internet nachzusehen, ob es dieses gute Produkt dort billiger gibt. Oder bei der Konkurrenz zu einem günstigeren Preis angeboten wird."

„Die qualifizierte Beratung allein reicht nicht mehr aus. Um erfolgreich am Markt bestehen zu können, müssen Sie als Verkäufer die Fähigkeit besitzen, Kunden an sich zu binden. Dazu müssen Sie eine Beziehung zu ihm aufbauen, ein Vertrauensverhältnis. So wie Sie es übrigens bei Günther Zimmermann ganz intuitiv gemacht haben. Sie müssen sich dem Kunden vertraut machen, so dass er das Produkt oder die Dienstleistung bei Ihnen kauft. Weil er Ihnen vertraut, weil er gerne bei Ihnen kauft, weil seine persönliche Bindung zu Ihnen und Ihr freundlicher Service ihm einen Mehr-Wert erbringt, der ihn manchmal auch einen höheren Preis bezahlen lässt. Bitte folgen Sie mir", sagte der Coach und führte Heinrich Klee um den Spiegel herum. Sie betraten einen Flur, auf dem – wie im ersten Stockwerk – zahlreiche Räume lagen. „Sie haben ja gewiss schon bemerkt, dass wir gerne mit Bildern arbeiten, die das, was wir zum Ausdruck bringen wollen, veranschaulichen. Werfen Sie doch mal einen Blick in diesen Raum." In dem Raum saßen einige Verkäufer an verschiedenen Tischen, auf dem jeweils ein Spiegel stand, und unterhielten sich mit ihrem Spiegelbild. „Diese Verkäufer leben in ihrer Welt, nicht in der Welt des Kunden. Sie können sich nicht von ihren Interessen lösen, die sie mit dem Verkaufsgespräch verbinden. Sie stellen sich selbst in den Mittelpunkt des Gesprächs." Heinrich Klee erinnerte sich an seinen Gesprächsleitfaden, den er im Verkaufsgespräch immer anwendete, gleich, wer ihm wirklich gegenübersaß.

„Und nun schauen Sie bitte einmal in diesen Raum", forderte ihn Helmut Leekmann auf. In dem Raum saß ein Verkäufer mit einem Kunden am Tisch, auf dem eine Vase mit einem Blumenstrauß stand, die beiden hatten eine Tasse Kaffee vor sich. Sie unterhielten sich gerade über die Geburtstagsfeier des zehnjährigen Sohnes des Kunden. Der

Verkäufer hörte aufmerksam zu und begann dann, von seinen Kindern zu erzählen.

„Dieser Verkäufer baut eine Beziehung zu dem Kunden auf", erläuterte Herr Leekmann. „Er macht sich dem Kunden vertraut. Dazu möchte ich Ihnen etwas zeigen." Er zog das Buch „Der kleine Prinz" von Antoine Saint-Exupéry hervor und bat Heinrich Klee, die angestrichenen Passagen vorzulesen:

„In diesem Augenblick erschien der Fuchs. ‚Wer bist du?', sagte der kleine Prinz. ‚Du bist sehr hübsch ...' ‚Ich bin ein Fuchs', sagte der Fuchs. ‚Komm und spiel mit mir', schlug ihm der kleine Prinz vor. ‚Ich kann nicht mir dir spielen', sagte der Fuchs. ‚Ich bin noch nicht gezähmt.' ‚Was bedeutet das: zähmen?' ‚Das ist eine in Vergessenheit geratene Sache', sagte der Fuchs. ‚Es bedeutet, sich vertraut machen.' ‚Vertraut machen?' ‚Gewiss', sagte der Fuchs. ‚Du bist für mich noch nichts als ein kleiner Knabe, der hunderttausend kleinen Knaben gleicht. Ich brauche dich nicht, und du brauchst mich ebenso wenig. Ich bin für dich nur ein Fuchs, der hunderttausend Füchsen gleicht. Aber wenn du mich zähmst, werden wir einander brauchen. Du wirst für mich einzig sein in der Welt. Ich werde für dich einzig sein in der Welt.'

‚Was muss ich da tun?', sagte der kleine Prinz. ‚Du musst sehr geduldig sein', antwortete der Fuchs. ‚Du setzt dich zuerst ein wenig abseits von mir ins Gras. Ich werde dich so verstohlen, so aus dem Augenwinkel anschauen, und du wirst nichts sagen. Die Sprache ist die Quelle der Missverständnisse. Aber jeden

Tag wirst du dich ein bisschen näher setzen können..."

„Sehen Sie", sagte Herr Leekmann. „Der kleine Prinz und der Fuchs beginnen sich einander vertraut zu machen, eine vertrauensvolle Beziehung aufzubauen, die auch – um wieder den harten Schritt in die Realität zu wagen – ein Verkäufer anstreben sollte", um schmunzelnd hinzuzusetzen: „Der Partner in dieser Beziehung ist allerdings kein Fuchs, sondern der Kunde." „Ich verstehe noch nicht ganz", meinte Heinrich Klee. „Die meisten meiner Kollegen, aber auch ich, nutzen doch alle modernen Kommunikationsmedien: Ich versende E-Mails, setze das Internet ein, benutze ausgeklügelte Gesprächsleitfäden und Gesprächstechniken, um Zugang zu meinen Kunden zu finden." „Alles richtig", erwiderte Helmut Leekmann, „es trifft aber noch nicht des Pudels Kern. Den birgt vielmehr die Geschichte des kleinen Prinzen in sich: Der Verkäufer muss sich dem Kunden vertraut machen, indem er gerade zu Beginn des Akquisitionsgesprächs eine Vertrauensbasis aufbaut – nicht umsonst steckt in dem ‚Sich-vertraut-machen' das Hauptwort ‚Vertrauen': durch aktives Zuhören, durch das langsame Sich-Annähern an die Gefühls-, Erlebnis- und Gedankenwelt des Kunden. So wie es der Herr in dem letzten Raum gemacht hat. Dann wird es Ihnen gelingen, ‚im Kopf des Kunden zu denken', also die Situation, in der der Kunde steht, zu erfassen, seine Bedürfnisse und Probleme zu erkennen, in seine Gefühlswelt einzutauchen."

„Ich sollte mich also auf die individuelle Situation des Kunden einlassen, der hier und jetzt vor mir steht oder sitzt, mit ihm über seine Hobbys, seine Sorgen und Nöte reden, die aktuellen Fußballergebnisse, die neuesten politischen Entwicklungen – also über das, was ihn, den Kunden, derzeit bewegt. Dann bin ich bei Herrn Zimmermann also in Ihrem Sinne vorgegangen?" „Nicht nur in unserem Sinne, auch in Ihrem", meinte Herr Leekmann. „Ich glaube, in diesem Gespräch haben Sie Ihre wahre Einstellung gezeigt: Sie wollen den Menschen im Allgemeinen und den Kunden im Besonderen nutzen, ihnen helfen. Und ich bin sicher: Nicht der Verkäufer mit dem besten Angebot wird den Kunden überzeugen, sondern derjenige, dem es im Gespräch gelingt, die Welt des Kunden zu betreten, um auf dieser Grundlage eine Problemlösung zu unterbreiten, die dem Kunden ein Höchstmaß an Nutzen bringt."

Diese Gedanken hatte Heinrich Klee heute nicht zum ersten Mal gehört. ‚Ich glaube, ich bin auf dem richtigen Weg, wenn ich den Grundsatz, den Kunden und seinen Nutzen in den Vordergrund zu stellen, zur Basis meiner Einstellung als Verkäufer mache. Und auch mein Hauptziel lässt sich dann auch formulieren', überlegte er. Ein Gefühl der Freude erfüllte ihn. Er war der festen Überzeugung, einer großartigen Entdeckung ganz nahe und einem Ansatz auf der Spur zu sein, der ihn den Spaß an seinem Beruf wiedergewinnen lassen würde.

„Ich habe noch eine Frage zum Verkaufsgespräch, Herr Leekmann." Heinrich Klee blickte noch einmal in den Raum, in dem der Verkäufer und sein Kunde mittlerweile in ein angeregtes Gespräch über das Produkt vertieft waren, das der Verkäufer dem Kunden vorstellen wollte. „Sehen Sie, darauf wollte ich hinaus. Irgendwann muss sich das Gespräch zwischen zwei Menschen zu einem Gespräch zwischen einem Verkäufer und einem potenziellen Kunden entwickeln. Und das ist ein kritischer Augenblick: Wenn der Kunde zu der Meinung gelangt, ich führte das Gespräch nicht um seiner selbst willen, sondern vor allem, um ihm etwas zu verkaufen, ist er verstimmt. Und auch wenn ich es ehrlich meine, die Gefahr ist nicht auszuschließen. Wie komme ich aus diesem Dilemma heraus?"

„Was spricht dagegen", antwortete der Coach, „wenn Sie das offene Gespräch, den ehrlichen Austausch mit dem Kunden suchen und dann – eben offen und ehrlich – die Sprache darauf bringen, dass Sie ihm nun für sein Problem eine Lösung vorschlagen! In Form eines Produktes oder eine Dienstleistung oder was auch immer Sie verkaufen. Kommunizieren Sie doch einfach den Wechsel vom Gespräch ‚von Mensch zu Mensch' zum Kundengespräch. Wenn es Ihnen vorher gelungen ist, zu dem Kunden ein Vertrauensverhältnis aufzubauen, und wenn Sie dieses Vertrauen aus innerer Überzeugung aufgebaut haben, wird der Kunde Ihnen Ihre neue Rolle als Problemlöser nicht übel nehmen. Er wird spüren und wissen, dass es Ihnen nicht darum geht, auf eine möglichst elegante Weise ein Gespräch in ein Kundengespräch zu verwandeln.

Denken Sie einmal darüber nach, wie es Ihnen gelingen kann, sich glaubwürdig und offen auf die Welt des Kunden einzulassen, Herr Klee. Sie haben ja schon bewiesen, dass Sie dies können. Ich möchte Ihnen aber trotzdem ein paar Anregungen geben. Kommen Sie bitte."

Heinrich Klee und der Coach gingen den Flur entlang. „Alle diese Räume", erläuterte Helmut Leekmann, „zeigen verschiedene Möglichkeiten, eine Kundenbeziehung aufzubauen. Denn natürlich gibt es dafür bestimmte Techniken, Methoden und Verhaltensweisen. Wichtig dabei ist, dass Ihre Einstellung stimmt. Wenn Sie die ‚richtige' Einstellung gewonnen haben, verfügen Sie über ein Fundament, auf dem diese Techniken und Methoden aufbauen können, die dann – in den Augen des Kunden dann selbstverständlich ebenfalls – glaubwürdig und authentisch rüberkommen. Eigentlich müssten wir also nun wieder in den ersten Stock gehen und an Ihrer Einstellung arbeiten. Sie erinnern sich: ‚Die drei Säulen des Erfolgs sind: Einstellung, Wissen und Können. Und die Einstellung bildet die Grundlage des Erfolgs.' Schauen Sie nur" – er wies in den nächsten Raum – „hier prägt sich der Verkäufer, oder besser: der Beziehungsmanager, gerade den Namen seines Kunden mit Hilfe einer Gedächtnistechnik ein." Heinrich Klee erinnerte sich, wie sich der Pförtner seinen Namen ‚Klee' mit der Assoziation des vierblättrigen Kleeblatts eingeprägt hatte – anscheinend kannte auch der Pförtner dieses Prinzip des Beziehungsaufbaus. „Für viele Menschen ist der Klang des eigenen Namens der Schlüssel zum Wohlbefinden", fuhr Helmut Leekmann fort. „Bestimmt freuen Sie selbst sich auch, wenn Sie in Ihrer Bäckerei oder Ihrer Tankstelle freundlich mit Ihrem Namen begrüßt werden. Vielleicht gehen Sie gerade deshalb immer wieder in diese Bäckerei, auch wenn das Croissant woanders ein bisschen billiger ist, das Personal aber nicht so freundlich. Denn die persönliche Ansprache mit Ihrem Namen gibt Ihnen das Gefühl, dass Sie ein ganz besonderer Kunde sind. Immerhin hat sich der Verkäufer als Beziehungsmanager die Mühe gemacht, sich Ihren Namen zu merken. Sie wissen: In dieser Bäckerei werden Sie nicht als anonymer Kunde wahrgenommen, sondern als Individuum, als einzigartiger Mensch mit einem einzigartigen Namen."

Sie gingen zu dem nächsten Zimmer. „Hier stellt der Verkäufer Gemeinsamkeiten mit dem Kunden her", erklärte der Coach. „Diesen Kaffee trinkt meine Frau auch besonders gern", hörten sie den Verkäufer zu dem Kunden sagen. „Bestimmt gibt es in Ihrem Leben jemanden, mit dem Sie sich völlig im Einklang befinden", setzte der Coach seine Erläuterungen fort. „Einen Partner, ein Familienmitglied, einen Freund. Dies liegt wahrscheinlich daran, dass Ihre Gefühle und Ansichten, Ihre Einstellung, Ihre Überzeugungen, die Art und Weise, sich auszudrücken, oder die Gestik ähnlich oder gar gleich sind. Sie beide haben das Gefühl, sich ganz besonders gut zu verstehen, sich auf ‚derselben Wellenlänge' zu befinden. Diese Übereinstimmung möchte ich die Fähigkeit nennen, die Welt des Gegenübers zu betreten. Es bedeutet, ihm das Gefühl zu geben, dass Sie ihn verstehen und eine Verbindung zwischen ihm und Ihnen besteht. – Sehen Sie: Nun erzählt der Kunde, warum er gerade diesen Kaffee so gerne mag. – Als guter Beziehungsmanager sollten Sie in der Lage sein, diese starke gegenseitige Verbindung herzustellen, und zwar auf eine glaubwürdige und authentische Weise. Dafür steht Ihnen das gesprochene Wort zur Verfügung, aber natürlich auch Ihr Tonfall und Ihre Körpersprache. Es gehört ja mittlerweile fast zum Standardwissen, dass der Beziehungsaufbau zu einem Menschen zu knapp 90 Prozent aus dem nonverbalen Bereich und dem Eindruck, den wir vermitteln, resultiert. Nur für die restlichen 10 Prozent sind unsere verbalen Äußerungen verantwortlich, also das, was wir mit Worten ausdrücken. Und nur derjenige Verkäufer wirkt glaubhaft, bei dem die Worte mit der Gestik und Mimik harmonisieren. Aber wenn die Einstellung stimmt, also das Fundament, ergibt sich diese Harmonie wie von selbst."

„Was aber ist, wenn sich diese Gemeinsamkeiten einfach nicht herstellen lassen? Etwa, weil man zu verschieden ist?" „Gewiss gibt es da Grenzfälle. Sie sollten es aber zunächst versuchen, diese Gemeinsamkeiten zu finden. Und wenn dies nicht gelingt, verlangt es die Regel der Glaubwürdigkeit und Authentizität, dies dem Kunden zu sagen und offen anzusprechen, dass Sie glauben, Sie könnten ihm, dem Kunden, nicht wirklich nutzen."

Helmut Leekmann wies in die nächsten Räume. „Hier sehen Sie einen Verkäufer, der sich mit einem Kunden gerade über dessen Probleme unterhält, eine selbstständige Existenz aufzubauen. Hören Sie nur, wie der Verkäufer auf den Kunden eingeht. Dabei steht die Existenzgründung in gar keinem Zusammenhang mit den Produkten, die der Verkäufer anbieten kann. Aber er zeigt ein ehrliches Interesse an den Problemen des Kunden, der sich so bei ihm gut aufgehoben fühlt. Dazu möchte ich Ihnen eine Geschichte erzählen, die ich selbst vor einigen Jahren erlebt habe, als ich noch als Verkäufer tätig war. Ich hatte seinerzeit mit einem recht schwierigen Kunden zu tun. Ich erhielt einfach keinen Termin bei ihm, und so lud ich ihn zur mir nach Hause ein. Wir hatten uns für den Abend verabredet, Herr Ludwig erschien aber mit fast einstündiger Verspätung. Trotzdem empfing ich ihn freundlich und aufmerksam. Ich erfuhr dann, dass Herr Ludwigs Sohn einen Unfall mit seinem Mofa gehabt hatte, und es zu der Verspätung gekommen war, weil der Vater noch mit der Versicherung und dem anderen Unfallbeteiligten telefonieren musste. Das Verhältnis zum Sohn war zu jener Zeit sowieso ziemlich angespannt, und es war nicht das erste Mal, dass der Heißsporn mit seinem Zweirad Unsinn angestellt hatte.

Nun ja, so unterhielten wir uns angeregt über die Nöte der Eltern, deren Kinder sich in den berüchtigten ‚Flegeljahren' befinden. Nach einiger Zeit kannte ich alle Sorgen, die Herr Ludwig mit seinem Sohn hatte, die Auswirkungen auf seine Familie und seine Firma, und vieles mehr aus dem Privatbereich. Ich interessierte mich für die Nöte des Kunden und gab ihm wo immer möglich Tipps und Anregungen und berichtete auch von meinem Erfahrungen in Erziehungsangelegenheiten. Wir stellten dabei einige Gemeinsamkeiten fest, und schließlich war es schon sehr spät geworden, ohne dass wir den eigentlichen Anlass des Gesprächs überhaupt erwähnt hatten. Ich wies Herrn Ludwig darauf hin, erläuterte mein Verkaufsanliegen in aller Kürze und übergab ihm immerhin noch die Verkaufsmappe, die ich vorbereitet hatte. Herr Ludwig dankte mir für das Interesse, das ich ihm und seinen väterlichen Sorgen entgegengebracht hatte, und dann verabschiedeten wir uns. ‚Schade', dachte ich, ‚einen ganzen Abend mit einem Kunden verbracht und nicht richtig zum Zuge gekommen.' Denn eigentlich hatte ich eine einstündige Präsentation vorbereitet, mit Folien, Powerpoint-Vortrag und vielem mehr.

Um so erstaunter war ich, als ich am nächsten Tag ein Fax von Herrn Ludwig erhielt, in dem er sich für den schönen Abend und das anregende Gespräch bedankte. Er schrieb mir, dass er sich demnächst noch einmal in Ruhe mit seinem Sohn zusammensetzen wollte, und ich ihm für dieses Gespräch einige wichtige Anregungen mit auf den Weg gegeben hatte. Und dann erteilte er mir noch einen Auftrag in einer Größenordnung, die ich nie für möglich gehalten hatte. Übrigens gehörte Herr Ludwig noch lange zu meinen Kunden, nämlich bis zu dem Zeitpunkt, zu dem ich hier bei den Elkes als Coach anfing. Wir haben dann immer wieder auch über familiäre Dinge gesprochen, und ich darf sagen, dass sich im Laufe der Zeit ein richtiges Vertrauensverhältnis zwischen uns aufgebaut hat."

„Dann ist dieses Verkaufserlebnis so ähnlich abgelaufen wie mein Gespräch mit Herrn Zimmermann", warf Heinrich Klee ein. „Ja, je ehrlicher unser Interesse am Kunden ist und an dem, was diesen bewegt, desto besser können wir ein Beziehungsmanagement aufbauen und Stammkunden gewinnen. Denn es ist jene emotionale Beziehung und jenes Vertrauen, welches den Kunden immer wieder zu uns zurückkehren lässt und ihn bewegt, uns weiterzuempfehlen. Und auch hier gilt: Es gibt Methoden, wie Sie diese Beziehung aufbauen. Die Methoden können Sie erlernen und trainieren. Viel wichtiger aber ist, dass Ihr Interesse ehrlich ist und aus Ihrem Herzen kommt. Womit wir wieder bei der Einstellung wären und beim ersten Stock."

Sie schauten sich die anderen Zimmer an und gelangten an das Ende des Flurs. „Mittlerweile kennen Sie ja das Verfahren", sagte Herr Leekmann, übergab Heinrich Klee eine weitere Pille und wies auf die geschlossene Tür des Zimmers. „Ich hole Sie dann gleich ab."

Heinrich Klee trat an das Flipchart und ging in Gedanken die einzelnen Räume durch, die er sich angeschaut hatte. Dann notierte er:

Die 10 Regeln des Beziehungsmanagements

1. *Suche und schaffe mit deinem Kunden Gemeinsamkeiten.*

2. *Nutze die einmalige Chance des ersten Eindrucks.*

3. *Spreche deinen Kunden immer mit seinem Namen an.*

4. *Zeige ein ehrliches und authentisches Interesse an deinem Kunden und an dem, was ihn beschäftigt. Hole ihn dort ab, wo ER steht.*

5. *Habe den Mut, deine eigene Individualität und deinen eigenen Verkaufsstil zu entwickeln und bleibe dir treu. So wirkst du authentisch und glaubwürdig.*

6. *Stelle kluge und gute Fragen, aber höre noch besser zu.*

7. *Lobe und anerkenne aufrichtig.*

8. *Beachte und respektiere den Standpunkt des Kunden – gerade dann, wenn er sich von deinem unterscheidet.*

9. *Sage deinem Kunden, welchen Nutzen du, dein Produkt und deine Dienstleistung ihm bieten können.*

10. *Möge deinen Kunden.*

Heinrich Klee war nun fest entschlossen, die Vitaminpille einzunehmen, um endlich zu erfahren, was sich in den Trainingsräumen befand. In diesem Moment aber betrat Herr Leekmann den Raum und sagte: „Entschuldigen Sie, aber wir müssen nun in die Kantine. Es warten ja noch ein paar Stockwerke auf Sie."

Das Gespräch in der Kantine

Heinrich Klee und der Coach fuhren wieder ins Erdgeschoss. Beim Verlassen des Aufzugs gerieten sie einmal mehr in eine Menschentraube – einige dieser Leute betraten die Lifte, andere stiegen aus, um das Gebäude zu verlassen. Wiederum andere stürmten in die Empfangshalle, auf die Aufzüge zu. Herr Leekmann ging voran, und kurze Zeit später betraten sie die gut besetzte Kantine. Sie holten sich etwas zu essen. „Kommen Sie, Herr Klee, da drüben an dem Tisch sind noch ein paar Plätze frei. Dort sitzen auch ein paar Kollegen." Schon von weitem erkannte Heinrich Klee den Pförtner, die Mentaltrainerin Corinna Mooser in ihrem Rollstuhl und Frau Kläser. Zudem glaubte er den gebeugten Mann und die Frau zu erkennen, die auf der ersten Etage ihre negativen und positiven Glaubenssätze an der Tafel notiert hatten. Er wurde freundlich begrüßt. Er aß ein paar Happen und fragte den Pförtner, der neben ihm saß: „Herr Elke, wieso ist hier eigentlich an den Liften ein so ungeheurer Betrieb? Manchmal kommt man sich vor wie auf einem Bahnhof!" „Dieser Eindruck ist nicht von der Hand zu weisen", lachte der Pförtner. „Das liegt an unserer speziellen Trainingsmethode, die Sie ja noch nicht kennen gelernt haben. Noch haben Sie ja keinen der Trainingsräume betreten."

„Können Sie mir denn nicht schon etwas von dieser Trainingsmethode verraten?" fragte Heinrich Klee. „Unser Training besteht aus mehreren Intervallen", erklärte der Pförtner. „Viele andere Verkaufstrainings sind sehr schematisch aufgebaut. Da werden am ersten Vormittag Verkaufstechniken trainiert, nachmittags steht das Reklamationsmanagement auf dem Programm, am zweiten Tag dann die Telefonakquisition, zum Abschluss wird im Praxisteil ein Rollenspiel durchgeführt. Der Seminarteilnehmer kommt Schritt für Schritt voran. Wenn Sie diese Vorgehensweise auf unser Haus beziehen: Er arbeitet sich Etage für Etage voran, arbeitet zuerst an seiner Einstellung, dann an seinen Zielen, danach am Aufbau eines Beziehungsmanagements und an der Kundenorientierung, schließlich erlernt er auf der vierten Etage ein paar wichtige Kommunikationstechniken. Wir verfolgen eine andere Trainingsphilosophie: Wir arbeiten die verschiedenen Lernziele nicht schematisch in einer bestimmten Reihenfolge ab. Sie sind vielmehr auf eine bestimmte Art und Weise miteinander verknüpft, so dass die verschiedenen Inhalte ständig und mit einem jeweils unterschiedlichen Schwierigkeitsgrad immer wieder behandelt werden und in die zahlreichen Trainingsschritte einfließen." – „Ich möchte Ihnen das erläutern", warf Helmut Leekmann ein, der den fragenden Gesichtsausdruck von Heinrich Klee bemerkt hatte. „Soeben im dritten Stock haben wir mehrmals festgestellt, dass die Grundlage des Aufbaus einer Kundenbeziehung die Einstellung ist. Die Instrumente des Beziehungsmanagements nutzen Ihnen nur etwas, wenn diese Grundlage existiert. Gerade die Einstellung des Verkäufers jedoch kann nicht erstellt und wie auf einer Checkliste als erworbene Fähigkeit abgehakt werden, nach dem Motto: ‚Motor repariert, und nun kümmern wir uns um die Bremsflüssigkeit.' An der Einstellung muss immer wieder gefeilt werden. Wenn wir erkennen, dass ein Seminarteilnehmer, der die Fragetechnik nicht beherrscht, noch ein Einstellungsproblem hat, sucht er wieder die erste Etage auf. Dort arbeitet er weiter daran, nicht sich selbst und sein Produkt in den Mittelpunkt des Verkaufsgesprächs zu stellen und immer nur die Vorteile seines Produkts anzupreisen. Er lernt, dass er den Kunden in den Mittelpunkt rücken und durch gezielte Fragen dem Problem des Kunden auf die Spur kommen sollte, um dann sein Produkt, wenn das möglich ist, als Problemlösung darzustellen. Erst wenn er diese Einstellung gewonnen hat, kann er wieder den vierten Stock aufsuchen und die konkreten Fragetechniken trainieren."

„Aha, ich verstehe. Es ist also nicht so, dass man einen Tag im ersten, einen Tag im zweiten Stock und so fort verbringt, sondern immer hin und her pendelt", warf Heinrich Klee ein. „Kein Wunder, dass bei den Liften immer so viel los ist und es diese Vielzahl an Aufzügen gibt." „Richtig", schaltete sich der Pförtner in das Gespräch ein, „gleichzeitig erlernen und trainieren die Teilnehmer so die einzelnen Themen nicht isoliert voneinander. Sie erleben hautnah mit, wie sie miteinander verzahnt sind, und sind von Anfang an in der Lage, Gesamtzusammenhänge zu erkennen, zum Beispiel eben, dass die Einstellung die Grundlage für das Wissen und das Können ist."

„Schauen Sie sich doch bitte diesen Ordner an", sagte Ingrid Kläser. „Das ist ein Teilnehmerordner für eines unserer Trainings. Sie sehen, wie sich einige Inhalte an verschiedenen Stellen wiederholen. Die Wiederholungen in einem anderen Zusammenhang erhöhen auch die Merkfähigkeit, bestimmte Inhalte gehen auf diese Weise rasch und automatisch in das Verhalten der Teilnehmer über. Das ist ein weiterer Vorteil unserer Methode." Sie blätterte in dem Ordner und zeigte Heinrich Klee, wie in einem mehrtägigen Training zum Beispiel in einem ersten Intervall das Namensgedächtnis trainiert wurde, indem der Teilnehmer die Methode kennen lernte. In einem späteren Intervall ging es dann um die Führung des Verkaufsgesprächs. Dort wendete der Teilnehmer die Methode bei der Begrüßung des Kunden und der Gesprächseröffnung an. Diese Wiederholung von Inhalten war an mehreren Stellen des Trainings zu beobachten, Themen wie „Kontaktaufbau", „Nutzenargumentation", „Einstellungstraining" und „Einwandbehandlung" traten immer wieder auf.

Das Tischgespräch drehte sich nun um andere Dinge. Heinrich Klee fiel der herzliche und äußerst kollegiale Umgangston auf, in dem sich seine Tischgenossen unterhielten und äußerte dies auch gegenüber Herrn Elke. *„Toll, ein anderer macht´s!* – dies ist bei uns nun wirklich nicht die Definition des Begriffes Team", antwortete der Pförtner. „Jeder von uns hat seine Stärken und natürlich auch seine Schwächen. Teamarbeit bedeutet für uns, vorhandene Stärken gemeinsam zu nutzen und Synergieeffekte aufzubauen. Unser gemeinsames Ziel ist es, gemeinsam stark und erfolgreich zu sein. Und natürlich stehen wir im permanenten Austausch miteinander. Das gilt nicht nur für die Coaches und die Leiter der verschiedenen Etagen oder Abteilungen, sondern für alle Mitarbeiter." „Das ist dringend notwendig", warf Helmut Leekmann ein, „denn nur so können wir Coaches entscheiden, ob es notwendig und sinnvoll ist, einen Teilnehmer noch einmal von der eigenen Etage zu einem Kollegen zu schicken."

„Ich möchte noch einmal auf den regen Betrieb an den Liften zurückkommen", meinte Heinrich Klee. „Die Teilnehmer sind also immer zwischen den verschiedenen Etagen unterwegs. Warum dies so ist, ist mir nun klar. Warum aber verlassen und betreten so viele Menschen das Gebäude?" Der Pförtner setzte zu einer Antwort an – in diesem Moment jedoch stieß eine Frau zu ihnen. Sie war um die 60 Jahre alt und hinterließ bei Heinrich Klee den Eindruck eines erfahrenen und resoluten Menschen, der sich in jeder Situation zu behaupten und zu helfen wusste. „Da ist Frau Sybille Klaasberg", rief der Pförtner aus. „Es ist an der Zeit, dass Sie mit ihr in den vierten Stock fahren." Der Pförtner stellte Heinrich Klee und die Leiterin des vierten Stocks einander vor. Heinrich Klee wollte sein Geschirr abräumen, wie es nun auch die anderen taten, aber der Pförtner nahm es ihm aus der Hand und meinte, darum würde er sich schon kümmern. „Lassen Sie doch, Herr Elke", rief Heinrich Klee aus, „also darum müssen Sie sich doch nun wirklich nicht kümmern" – aber der Pförtner bestand darauf. So verabschiedeten sich Heinrich Klee und Frau Klaasberg von der Tischrunde und begaben sich zu den Aufzügen. Aus den Augenwinkeln heraus bemerkte Heinrich Klee die Nichte des Pförtners, die an den Tisch herantrat und von der Tischrunde mit einem lauten „Hallo" begrüßt wurde. ‚Seltsam, was macht die Nichte denn hier in der Kantine?', wunderte er sich. Aber da schloss sich schon die Lifttür, und Frau Klaasberg und er waren auf dem Weg in das vierte Stockwerk.

Die vierte Etage: Das Handwerkszeug des Verkäufers

Während sich der Lift auf den Weg in die vierte Etage machte, fragte Sybille Klaasberg Heinrich Klee, wie ihm denn die Vorstellung des Trainingskonzeptes bisher gefalle. „Heute Morgen", antwortete dieser, „war ich doch sehr unsicher, ob ich diesen Kurs besuchen soll. Aber je mehr ich darüber erfahre, desto überzeugter bin ich, dass die ‚Verkaufs-Pille' für mich das richtige ist. Besonders gefällt mir, wie sehr die Arbeit an der Einstellung zum Verkäuferberuf und zum Verkaufen selbst bei Ihnen im Mittelpunkt steht." „Aber der Aufbau einer Kundenbeziehung und die Einstellung allein, so wichtig sie auch ist, genügen nicht, um ein Verkäufer zu werden, der die Zufriedenheit und den Nutzen des Kunden nicht nur anstrebt, sondern auch erreicht", versetzte Frau Klaasberg. „Sie müssen zudem zahlreiche Verkaufstechniken und -methoden beherrschen, die Sie je nachdem, mit welchem Kunden und welcher Verkaufssituation Sie es zu tun haben, einsetzen. Und das ist auch das Thema hier auf der vierten Etage."

Sie betraten den Flur, der mit seinen zahlreichen Räumen das bekannte Bild bot. Sie schauten in den ersten Raum, in dem ein begeistert redender Verkäufer gerade dabei war, dem Kunden mit Hilfe einer Powerpoint-Präsentation sein Produkt vorzustellen. „Warum will denn dieser verdammte Beamer nicht laufen", fluchte der Verkäufer schließlich leise vor sich hin. Als dann auch die Funkmaus nicht funktionierte und der Kunde ungeduldig auf seinem Stuhl hin und her rutschte, drohte der Verkäufer die Contenance zu verlieren.

„Bestimmt kennen Sie den Sketch von Loriot", sagte Sybille Klaasberg. „in dem Vicco von Bülow und Evelyn Hamann in einem Restaurant eine Suppe essen. Der Mann will der Frau seine Liebe gestehen, aber eine kleine Nudel, die immer wieder an irgendeiner Stelle seines ernsthaft dreinschauenden Gesichts auftaucht, an der Lippen, an der Augenbraue, lässt das, was er ihr sagen möchte, zu einer Farce, schließlich zu einem Fiasko werden. Und auch im Verkaufsgespräch kann Ihr Anliegen durch solch kleine Pannen zerstört werden. Bei diesem Verkäufer hier hapert es bestimmt nicht an der Einstellung und der Motivation: Er ist gewillt, zu seinem Kunden eine intensive Beziehung aufzubauen, aber ich fürchte, durch die kleinen technischen Schwierigkeiten wird das Verkaufsgespräch einen Rückschlag erleiden. Ich kann mir zwar nicht vorstellen, dass unser Verkäufer den Kunden deswegen verliert, aber der weitere Gesprächsverlauf ist zumindest kurzfristig belastet. Und das muss nicht sein. Der Handwerkskasten des Verkäufers sollte prall gefüllt sein, und der Verkäufer sollte die verschiedenen Verkaufstechniken virtuos beherrschen.

Dazu gehört auch, dass er mit der Technik, die er einsetzt, umgehen kann.

Schauen Sie", fuhr Frau Klaasberg fort, „ich bin früher selbst Verkäuferin gewesen, und zwar in der Versicherungsbranche. Einmal führte ich ein Verkaufsgespräch, das geradezu beispielhaft ablief. Es war mir gelungen, in einigen Vorgesprächen eine vertrauensvolle Beziehung zu dem Kunden aufzubauen, gerade in Finanz- und Versicherungsgeschäften ist das von besonderer Bedeutung. In dem Gespräch nun wandte ich das 5-Phasen-Schema an. Der Kunde hieß Ewald Stemme. Wir unterhielten uns in der Aufmerksamkeitsphase zunächst über den Hauskauf, den Herr Stemme gerade tätigte. Dieser Gesprächsaufhänger führte uns dann zu den Produkten, es ging unter anderem um eine Hausratversicherung. In der Analysephase konnte ich durch geschicktes Fragen gemeinsam mit dem Kunden genau festlegen, welche Versicherungen er wünschte und benötigte, und in der Angebotsphase stellte ich ihm die Vorteile unserer Versicherungen dar. Herr Stemme hatte ein paar Bedenken und Einwände, die ich aber in der Argumentationsphase überzeugend mit ihm diskutieren und schließlich ausräumen konnte. Dann ging es in die Abschlussphase. Und in dieser Phase gelang es mir einfach nicht, das Gespräch in Richtung eines gezielten Abschlusses zu lenken. Eine seltsame Situation entstand, denn da wir noch einmal auf die Einrichtung des Hauses zu sprechen kamen, wurde der Wunsch des Kunden, Versicherungen abzuschließen, noch einmal emotional verstärkt. Wir sprachen über die

Einrichtung der Kinderzimmer, den offenen Kamin, den Wintergarten – und die ganze Zeit überlegte ich krampfhaft, wie ich denn nun zum Abschluss kommen könnte. Aber mir fiel keine der Abschlusstechniken ein, und zwar, weil mir einfach keine zur Verfügung stand. Sie werden das kaum glauben können, weil die Angelegenheit angesichts des großen Kaufwunsches des Kunden doch so einfach hätte über die Bühne gehen können. Und so blockierte ich regelrecht, kam ins Stottern und fiel in ein großes schwarzes Loch. Gott sei Dank war es dann Herr Stemme selbst, der mir aus der misslichen Situation heraus half. Er schaute auf die Uhr, weil er noch einen Anschlusstermin hatte, und drängte auf den Abschluss."

„Das Gespräch hätte im schlimmsten Fall auch anders ausgehen können", bemerkte Heinrich Klee. „Aber ich verstehe, wie wichtig es selbst in doch recht positiv verlaufenden Gesprächen ist, über die wichtigsten Verkaufsfähigkeiten zu verfügen." „Interessieren Sie sich für Sport?", fragte Frau Klaasberg. „Ja, dann wissen Sie, dass Steffi Graf zu Beginn ihrer großartigen Tenniskarriere Miss Forehand genannt wurde. Die Vorhand war ihre absolute Stärke. Dafür beherrschte sie andere Schläge wie den Slice oder den Top Spin nicht so gut. Ihr unzureichendes Spiel am Netz führte dazu, dass ihre damalige Konkurrentin, Gabriela Sabatini, sie immer wieder schlug, nachdem die Argentinierin sich darauf spezialisiert hatte, Steffis zweite große Schwäche, die Rückhand, gnadenlos auszunutzen. Erst als die ‚Gräfin' ihr Schlagrepertoire erweiterte, ihre Rückhand und ihr Spiel am Netz verbesserte, war sie wieder die unangefochtene Nummer 1 im Damentennis. Sie sehen also: Es genügt nicht, einige wenige Verkaufsmethoden zu beherrschen. Sie müssen über eine breite Palette an Verkaufsmethoden verfügen. Sonst laufen Sie Gefahr, wie ich seinerzeit, durch Unkenntnis und Wissenslücken Verkaufsgespräche in den Sand zu setzen.

Aber gehen wir doch einmal zu dem Raum, in dem es um die Preisverhandlung geht", schlug Sybille Klaasberg vor. In dem Zimmer befanden sich ein Verkäufer und ein Kunde, der in der einen Hand ein Handy hielt, in der anderen eine Digitalkamera. Der Kunde las etwas von dem Display des Handys ab und fragte den Verkäufer, ob er ihm einen Rabatt für die Kamera geben könne. „Das Thema ‚Preisstrategie' gehört ohne Zweifel zu den heikelsten und schwierigsten. Wie soll man zum Beispiel reagieren, wenn der Kunde Ihnen von einem günstigeren Preisangebot der Konkurrenz erzählt? Heutzutage gibt es ja bereits Internetdienste, die Ihnen per SMS den bundesweit günstigsten Preis für ein Produkt übermitteln. Während der Kunde also in einem Geschäft in Hamburg den Preis für die neueste Digitalkamera erfährt, teilt ihm dieser Dienst über sein Handy mit, dass dasselbe Produkt in München zu einem weitaus günstigeren Preis angeboten wird." Sie wies in den Raum. „Der Verkäufer weiß nicht weiter, in dieser Situation wäre es sehr hilfreich, wenn ihm ein paar Techniken zur Verfügung stünden, mit denen er den Kunden doch noch überzeugen könnte. So könnte er auf Servicedienstleistungen hinweisen, die der Kunde direkt an seinem Wohnort, in Hamburg, in Anspruch nehmen könnte, wenn die Kamera zum Beispiel reklamiert werden muss. Und er sollte darauf hinweisen, dass bei der Zusendung aus München Versandkosten anfallen.

Im Normalfall ist es aber so, dass der Kunde zwischen ähnlichen Produkten auswählen kann, es aber auch beim Preis keinen großen Unterschied zur Konkurrenz gibt. Dann muss der Verkäufer wissen, wie er die Pluspunkte des eigenen Produktes angemessen darstellt und den Nutzen seines Produktes betont. Schließlich kauft kein Mensch einen Preis. Jeder kauft den Nutzen, den er sich von einem Produkt oder einer Dienstleistung verspricht. Wiegt der Preis den empfundenen Wert nicht auf, sieht der Kunde das Angebot als zu teuer an. Darum sollte der Verkäufer den ‚empfundenen Wert' auf Seiten des Kunden erhöhen und den persönlichen Nutzen darstellen, den der Kunde bei dem Kauf eines Produktes oder einer Dienstleistung hat. Um die Preis-Leistungs-Waage wieder ins Gleichgewicht zu bringen, können Sie also entweder den Preis reduzieren oder den Nutzen erhöhen."

„Aber sollte man nicht auch versuchen, den Preis selbst zu verteidigen?", fragte Heinrich Klee. „Selbstverständlich", antwortete die Leiterin der vierten Etage. „Als ich mir vor einigen Jahren ein Haus kaufte, wollte ich den Garten von einer Gartenbaufirma anlegen lassen. Die Kinder sollten sich dort so richtig austoben und spielen können. Die

Firma machte mir ein Angebot, damals gab es noch die gute alte Deutsche Mark, das Angebot belief sich auf 12.800 Mark. Als ich dem Verkäufer der Gartenbaufirma 12.000 Mark für den Auftrag bot, sagte er sofort zu. ‚Hättest du doch bloß 11.000 Mark geboten. Oder vielleicht sogar nur 9.000 Mark', ärgerte ich mich. Ich hatte nun das Gefühl, viel zu teuer eingekauft zu haben, obwohl ich den wahren Wert der Arbeit der Firma noch gar nicht kannte. Der Verkäufer hatte seinen Preis nicht verteidigt. Er hatte mir nicht erklärt, warum seine Dienstleistung diesen Preis wert ist, und nicht einmal darüber verhandelt."

Heinrich Klee dachte nach. „Der Verkäufer hätte also den Preis verteidigen sollen. Vielleicht hätten Sie und der Mitarbeiter der Gartenbaufirma sich auf seinen Preis geeinigt, weil Sie den Nutzen und die Vorteile seines Angebots kennen gelernt hätten. Aber selbst wenn es letztlich doch zu einem Rabatt gekommen wäre, hätten Sie um die Vorteile des Angebots gewusst und ein gutes Gefühl bei dem Abschluss gehabt." „Und dass dieses Gefühl bei dem Kunden entsteht, ist für Folgegeschäfte ganz wichtig. Denn so stärken Sie die Beziehung zu dem Kunden. Hätte ich damals bei der Verhandlung mit der Firma zum Schluss ein gutes Gefühl gehabt, hätte ich die Firma weiter empfohlen. Das konnte ich aber nicht, weil ich viel zu wenig über die Qualität der Firma und ihrer Dienstleistungen wusste. Nachdem die Arbeiten erledigt waren, konnte ich mir dann selbstverständlich ein Bild machen, und zwar ein positives, aber das Gefühl, zu viel bezahlt zu haben – das blieb. Ich dachte, dass der Verkäufer mich damals mit seinem ersten Angebot übervorteilen wollte. Und deswegen habe ich vor zwei Monaten, als es in dem Garten wieder einmal etwas zu verbessern gab, eine andere Firma beauftragt."

„Ein Preisnachlass sollte also nur der absolut letzte Schritt im Rahmen des Preisgesprächs sein", stellte Heinrich Klee fest. „Richtig. Und dann gibt es ja auch noch Methoden, um von vornherein zu verhindern, dass der Kunde den Preiseinwand überhaupt erst vorträgt. Zum Beispiel, indem Sie mögliche Einwände vorwegnehmen." „Aber weckt man dann nicht möglicherweise schlafende Hunde?", fragte Heinrich Klee. „Das ist durchaus möglich", antwortete Frau Klaasberg, „und darum sollten Sie das Thema ‚zu teuer' nur dann ins Spiel bringen, wenn Sie sicher sind, dass der Kunde es von selbst ansprechen wird."

Heinrich Klee und Sybille Klaasberg gingen zu einem anderen Raum. Dort äußerte ein Kunde in einem Verkaufsgespräch gerade einen Einwand – er bemängelte an einem Fernseher mit Flachbildschirm, wie unhandlich er doch zu bedienen sei. Außerdem sei er doch ziemlich teuer. Der Verkäufer wurde unsicher, er benahm sich von einer Sekunde ganz anders und wurde fahrig. „Wir stellen oft fest, dass Verkäufer auf Kundeneinwände sehr emotional reagieren und sich angegriffen oder unterlegen fühlen," meinte Sybille Klaasberg. Manche bekommen sogar Angst und werden nervös. Meistens erinnern sie sich in diesem Moment an ähnliche Verkaufserlebnisse und -situationen, in denen vom Kunden ähnliche Einwände vorgebracht wurden. Sie geraten in einen negativen Zustand ..." „Einen Moment", rief Heinrich Klee, „dieser Verkäufer" – er wies in den Raum – „muss also jetzt wieder die erste Etage aufsuchen, um an seiner Einstellung, etwa an seinem Selbstbewusstsein, zu arbeiten."

„Ich sehe, unsere Arbeit trägt erste Früchte", sagte Sybille Klaasberg schmunzelnd. „Sie haben Recht. Der Mann wird gleich das Adam-Jackson-Experiment wiederholen, damit er lernt, sich in solchen Situationen nicht an negative Verkaufserlebnisse zu klammern, sondern an positive. Dann kehrt er wieder zu mir zurück, um im Trainingsraum einige Mentaltechniken zu trainieren, die es ihm erlauben, die positiven Verkaufserlebnisse fest zu verankern und in sein Verhaltensrepertoire aufzunehmen. So wird es ihm zur Gewohnheit, sich bei Kundeneinwänden an diese positiven Erlebnisse zu erinnern, und er kann die Situation selbstsicher bewältigen. Denn nun definiert er den Einwand nicht als Angriff auf seine Person, sondern als Chance und Gelegenheit, dem Kunden ruhig und gelassen das Produkt noch nutzenorientierter zu präsentieren. Ein Einwand ist ja immer auch ein Signal für das Interesse des Kunden an dem Produkt: Er würde den Fernseher gerne kaufen, wenn er nur einfacher zu bedienen wäre. Das ist der Ansatzpunkt für den Verkäufer, die Produktpräsentation fortzuführen, etwa mit dem Satz: ‚Ich freue mich, dass Sie diesen Aspekt ansprechen. Dazu möchte ich Ihnen Folgendes sagen ...' Und dann kann er zum Beispiel Vorteile des Fernsehers aufzeigen, die den Nachteil der unhandlichen Bedienung aufwiegen mögen."

„Bleibt aber noch der Preiseinwand", merkte Heinrich Klee an. „Kommen Sie doch einmal auf die andere Seite des Flurs", bat ihn Sybille Klaasberg. Dort befand sich eine große Anzahl an Räumen. „Auf der vierten Etage trainieren unsere Verkäufer auch ihr kommunikatives Verhalten. Die vierte Etage beherbergt die umfangreichste Abteilung unseres Hauses, denn natürlich gibt es eine unendliche Anzahl an Kommunikationstechniken. Dabei sollte jeder Verkäufer vor allem die Methoden erlernen und trainieren, die seinem Wesen angemessen sind, die also zu ihm passen. Nicht jede Methode ist jedermanns Sache. Es geht um nonverbale und verbale Kommunikationsformen, um Körpersprache, um Gestik und Mimik, um Tonfall und Modulation. Hier lernen Sie, wie Sie im Gespräch Killerphrasen vermeiden und mit Hilfe der Sprache und durch positive Formulierungen verkaufsfördernde Impulse setzen. Sie lernen die verschiedenen Spielarten des aktiven Zuhörens, des kundenorientierten Nachfragens, der Übermittlung von Ich-Botschaften, des angemessenen Sprechverhaltens und die verschiedenen Frageformen kennen – und vieles mehr. In einem unserer Trainingsräume können Sie die richtige Einwandbehandlungsmethode erlernen und sich im Gebrauch der entsprechenden Formulierungen üben. Unser Verkäufer könnte den Einwand, der Fernseher sei doch recht teuer, mit Argumenten kontern wie: ‚Ja, der Fernseher ist tatsächlich nicht billig, und dennoch entscheiden sich die meisten Käufer doch für ihn. Warum, glauben Sie, ist das so?'. Oder: ‚Ja, unser Fernseher ist alles andere als billig – und gerade deswegen sollten Sie ihn kaufen. Glauben Sie, wir hätten seit Jahren so großen Erfolg, wenn unsere Produkte ihr Geld nicht wert wären?'. „Diese Techniken kenne ich", meinte Heinrich Klee, „das sind die ‚Ja-und-Technik' und die ‚Bumerangmethode'." „Unser Verkäufer kann auch die ‚Gegenfrage-Technik' anwenden", fuhr Frau Klaasberg fort. „Auch die ist mir bekannt", erwiderte Heinrich Klee. „Wenn der Kunde etwa fragt, warum er den gleichen Fernseher bei der Konkurrenz 200 Euro billiger bekomme, werfe ich ein: ‚Was meinen Sie, warum sind die wohl 20 Prozent billiger!'"

Kurze Zeit später saß Heinrich Klee wieder einmal in dem geschlossenen Raum, der sich auch auf der vierten Etage am Ende des Flurs befand. Frau Sybille Klaasberg hatte ihn mit dem Hinweis, um 16 Uhr 30 gehe es in den fünften Stock, allein gelassen – natürlich nicht ohne ihm die vierte Pille überreicht zu haben. Sie hatte ihm geraten, sich auszuruhen und seine Gedanken zu ordnen und zu notieren. Er blickte auf die Tür mit dem Aufdruck „Trainingsraum", den er abermals nur betreten durfte, wenn er die Pille einnahm. Die Ruhe tat ihm gut, hatte er doch auf dem vierten Stock einige weitere Räume inspiziert. Es war wirklich unglaublich, über welche Möglichkeiten das Institut verfügte. Frau Klaasberg hatte ihm Räume gezeigt, in denen die Verkäufer Präsentationstechniken kennen lernten, sowie Methoden der Aufmerksamkeitssteigerung, der Terminierung, der Reklamationsbehandlung, der Akquisition im Allgemeinen und der Telefonakquisition im Besonderen. Das Zeitmanagement wurde ebenso behandelt wie die verschiedenen Planungstechniken. Trotzdem hatte er das Gefühl, dass der Besuch der vierten Etage zwar sehr interessant, aber im Vergleich zu den anderen Abteilungen nicht ganz so ergiebig gewesen war. Viele der Techniken kannte er bereits – er erinnerte sich den Gesprächsleitfaden, an den er sich in seinen bisherigen Kundengesprächen strikt gehalten hatte: Wahrscheinlich – wie er mittlerweile ahnte – zu strikt.

‚Eigentlich ist es nicht notwendig, die Verkaufs-Pille einzunehmen', dachte er. ‚Auch wenn ich vielleicht kein guter Verkäufer bin – dass ich zu wenige Verkaufstechniken und -methoden beherrsche, daran liegt es bestimmt nicht.' Obwohl ihm die Vorstellung der vier Etagen bisher sehr gut gefallen hatte und er der Meinung war, er habe in diesen wenigen Stunden sehr viel über sich und seinen Beruf erfahren, beschlichen ihn Selbstzweifel. ‚Wenn ich bedenke, was ich noch alles tun müsste, um ein wirklich erfolgreicher Verkäufer zu werden, wird mir ganz schwindelig', überlegte Heinrich Klee. ‚Und ich habe ja noch nicht einmal alle Abteilungen besucht.' Heinrich Klee fiel ein Ereignis aus seiner Schulzeit ein. Damals spielte er in der Fußballmannschaft seiner Schule, im Mittelfeld. Es war vor einem wichtigen Spiel, das über den Einzug in das Endspiel der Schulmeisterschaft entschied. Der Mitspieler, der als Spielgestalter maßgeblich dazu beigetragen hatte, dass sie so weit gekommen waren, hatte sich verletzt. Heinrich Klee sollte in seine Rolle schlüpfen, von seiner Leistung hing also viel ab. ‚Damals verstand ich mich als Wasserträger des Spielgestalters', erinnerte er sich, ‚ich hielt ihm den Rücken frei, half in der Abwehr aus, damit er sich ganz auf den Spielaufbau konzentrieren konnte.' Selbst aber in die Rolle des Spielgestalters zu schlüpfen – er glaubte nicht daran, dies leisten zu können. Das Spiel war dann ein Fiasko, sie verloren hoch, und bei Heinrich Klee lief in dem Spiel überhaupt nichts zusammen. Er dachte an die erste Etage und den Pförtner und das, was er über die Einstellung des Verkäufers erfahren hatte. ‚Das Bild, das ich damals von mir selbst hatte, war verantwortlich für mein schlechtes Spiel', überlegte er. ‚Und auch jetzt traue ich es mir eigentlich nicht zu, der neuen Herausforderung gerecht zu werden. Selbst wenn ich mein Hauptziel, über das ich mit Ingrid Kläser auf der zweiten Etage gesprochen habe, klar bestimmen könnte, glaube ich nicht, es erreichen zu können. Ob ich Angst vor der Veränderung habe, die notwendig ist, um zu einem guten Verkäufer zu werden?', fragte er sich.

Heinrich Klees Stimmung war auf dem Nullpunkt angelangt. Um sich abzulenken, trat er an das Flipchart und notierte seine Gedanken zu den Themen der vierten Etage:

> *Eigne Dir eine umfangreiche Palette an Kommunikationstechniken an, die Du kundenorientiert und der Verkaufssituation angemessen einsetzt.*
>
> *Betrachte Einwände des Kunden als Chance, den Nutzen und die Vorteile Deines Produktes und Deiner Dienstleistung noch deutlicher darzustellen.*

Heinrich Klee legte den Stift beiseite. ‚Es hat keinen Zweck, ich bin in derselben Situation wie der Verkäufer, der auf den Kundeneinwand so nervös reagiert und sich an negative Verkaufserlebnisse erinnert.' In diesem Moment betrat Sybille Klaasberg den Raum. Sie blickte auf das Flipchart und in das Gesicht von Heinrich Klee. „Kommen Sie, wir fahren in den fünften Stock. Es wird Zeit, dass Sie erkennen, was Sie wirklich wollen."

Die fünfte Etage: Verkaufen muss Spaß machen

Während sich der Lift in Bewegung setzte, fragte Sybille Klaasberg: „Mir scheint, als seien Sie etwas bedrückt?" „Ja", antwortete Heinrich Klee, „ich habe mal wieder einen Anflug von Selbstzweifeln. Wenn ich an Ihrem Kurs ‚Die Verkaufs-Pille' teilnehmen würde, müsste ich jetzt wahrscheinlich wieder die erste Etage aufsuchen." „Ich glaube, dass wir Ihnen auf der fünften Etage eher weiterhelfen können", warf Frau Klaasberg ein. Und schon öffnete sich die Aufzugstür.

Im Gegensatz zu den anderen Stockwerken, die Heinrich Klee bisher kennen gelernt hatte, betraten sie dieses Mal nicht einen Flur, von dem mehrere Räume abgingen. Vielmehr standen sie in einem großen Raum mit einer gemütlich eingerichteten Sofaecke. Mehrere Sitzgelegenheiten waren um einen Mahagoni-Tisch gruppiert; in einem der Sessel saß ein knapp 50-jähriger Herr mit einem geradezu entwaffnenden Lächeln, das auf Heinrich Klee motivierend wirkte. Der Mann erhob sich und begrüßte Heinrich Klee freudig. Ingrid Klaasberg verabschiedete sich mit dem Hinweis, wieder in den vierten Stock zurückzukehren.

„Ich heiße Hans Grasing", rief der Herr aus, „ich bin der Chef-Coach des Instituts. Und ich freue mich, dass Sie sich für unseren Kurs interessieren. Ich vermute, Sie sind im Moment ein bisschen niedergeschlagen." „Woher wissen Sie das, Herr Grasing? Sehen Sie mir das an?" „Ihre Körpersprache lässt diesen Rückschluss zu. Aber der eigentliche Grund für meine Einschätzung ist ein anderer: Es ist der Sinn dieser Abteilung, mit unseren Kunden, also den Verkäufern, ein grundsätzliches Gespräch darüber zu führen, ob sie für den Beruf des Verkaufens geeignet sind. Und Sie haben da ja so Ihre Zweifel." „Ich befürchte, die Zweifel sind nur zu berechtigt", antwortete Heinrich Klee. „Nun, das wollen wir doch erst einmal sehen", erwiderte der Chef-Coach. „Nehmen Sie bitte Platz.

Der Schlüssel zum richtigen Umgang mit uns selbst liegt in unseren Zuständen und Befindlichkeiten", führte der Chef-Coach aus. „Es gibt Zustände, die uns beflügeln, etwa Freude, Begeisterung, Liebe und Vertrauen. Andere Befindlichkeiten hingegen lähmen uns, Frust, Angst und Trauer gehören dazu. Ich möchte von guten und motivierenden, also förderlichen Zuständen sprechen, und von schlechten, hemmenden. Damit ist kein moralisches Werturteil verknüpft – der Mensch denkt, handelt und reagiert nicht jeden Tag auf dieselbe Art und Weise, wir befinden uns in verschiedenen neurophysiologischen Zuständen und erleben diese unterschiedlich. Aber wir können diese Zustände beeinflussen, indem wir den Umgang mit diesen Befindlichkeiten aktiv steuern. Ich behaupte, dass Sie,

Herr Klee, derzeit in einem schlechten Zustand sind, der zu Selbstzweifeln und Ängsten führt. Ich möchte Ihnen helfen, in einen guten Zustand zu gelangen, indem ich Ihnen vor Augen führe, dass der Verkäuferberuf der richtige Beruf für Sie ist.

Herr Kretschmer, kommen Sie doch bitte zu uns", rief er aus, und ein sehr gut gekleideter Herr betrat den Raum. Sein Anzug und die Uhr, die er trug, sahen sehr teuer aus. „Bitte, Herr Kretschmer, erzählen Sie Herrn Klee Ihre Geschichte." „Das mache ich gerne, Herr Grasing." Er schaute Heinrich Klee an und begann: „Ich will offen zu Ihnen sein. Der Verkäuferberuf ist nichts für mich. Es dauert viel zu lange, bis man ein gut gefülltes Bankkonto hat. Man verdient nicht schlecht, wenn man gut ist, aber um meine materiellen Ansprüche zu befriedigen, dazu reicht es nicht." Heinrich Klee wollte eine Zwischenfrage stellen, Wolfgang Kretschmer jedoch hob abwehrend die Hände und fuhr unbeirrt fort. „Entschuldigen Sie bitte, aber mit Verlaub: Ihre Meinung interessiert mich nicht allzu sehr. Herr Grasing bittet mich, hier ab und zu einigen seiner Kunden von meinen Erfahrungen zu berichten. Und da ich dem Institut einiges verdanke, habe ich mich dazu bereit erklärt. Aber Zeit ist Geld, und ich muss gleich wieder weg. Also: Vor knapp zehn Jahren war ich noch nicht der Meinung, dass der Verkäuferberuf nichts für mich ist. Ich wollte möglichst rasch viel Geld verdienen und dachte, das sei als Verkäufer gut möglich. Was ich verkaufte, war mir recht gleichgültig. Ich dachte aber, als Verkaufsmitarbeiter für eine Firma, die Fertighäuser anbot, schnell zu meinem Ziel zu gelangen. Na ja, ich selbst würde mir solch ein Fertighaus nie kaufen. Diese Häuser machen allein optisch nicht so viel her. Aber egal. Und dann erst die Kunden! Meistens hatte ich es mit jungen Familien zu tun, jungen Eltern mit Kindern, deren Budget oft genug sehr knapp bemessen war. Was haben diese Eltern nicht alles auf sich genommen, um ihren Kindern möglichst große Kinderzimmer und einen schönen Garten zu ermöglichen." Er schüttelte verständnislos den Kopf. „Auf jeden Fall nervte mich diese ewige Pfennigfuchserei, und ganz schlimm war es, wenn man kein Kundengespräch in Ruhe führen konnte, weil andauernd diese Kinder dazwischen plärrten. Nach einiger Zeit fehlte es mir an der rechten Motivation, und ich besuchte ein Seminar, hier bei Herrn Elke. Herr Grasing leitete das Training." „Herr Kretschmer sagte mir gleich in der Eröffnungsrunde, das Seminar solle ihm helfen, gleich in der nächsten Woche eine gewaltige Umsatzsteigerung zu erreichen", schaltete sich Hans Grasing ein. „Das sei nicht einfach, denn er müsse ein schlechtes Produkt verkaufen, das er selbst nie erstehen würde, an das er nicht glaubt. Und die Kunden würden immer nur am Preis rumnörgeln."

„Herr Grasing erkannte dann schnell, dass ich für den Verkäuferberuf nicht geeignet bin. Ich mochte überhaupt nichts an meinem Beruf. Weder das Produkt, noch die Menschen, mit denen ich zu tun hatte, noch die Tätigkeit an sich. Herr Grasing hat mir geholfen, meine wahre Berufung zu erkennen. Ich bin dann Börsenmakler geworden und weiß natürlich, dass ich damit die schönsten Vorurteile vieler Menschen bestätige", sagte er mit einem Blick auf seine äußerst wertvolle Uhr. „Aber ich bin nun einmal sehr materiell eingestellt, und nun streite ich mich mit anderen Börsenhaien um die fetteste Beute." Er lachte auf. „Diese Arbeit macht mir Spaß – und darum muss ich jetzt schnell wieder aufs Parkett!" Er sprang auf und verließ den Raum.

Während sich Heinrich Klee und Hans Grasing anlächelten, betrat eine Dame den Raum. Sie begrüßten sich, und Susanne Blaseck erzählte: „Nach meiner Ausbildung zur Floristin arbeitete ich in einem Blumengeschäft. Ich liebte es, mit den herrlichen Blumen zu arbeiten und aus ihnen die schönsten Gebinde herzustellen. Meine Kunden waren sehr zufrieden mit mir, versuchte ich doch immer, ein sehr individuelles Blumengebinde für jeden einzelnen Kunden anzufertigen. Eines Tages sprach mich eine Kundin an. Sie arbeitete als Maklerin für einen großen Versicherungskonzern. Meine Höflichkeit und Kundenorientierung ließen sie glauben, ich könnte auch eine sehr erfolgreiche Versicherungsmaklerin werden. Sie bot mir an, es zunächst einmal halbtags zu versuchen, und arbeitete mich ein. Nach den ersten Anfangserfolgen – Sie wissen, man spricht erst einmal seine Verwandten und Bekannten an, die dann ihre bestehenden Versicherungen kündigen und neue abschließen – sprach ich dann auch Menschen an, die ich bisher nicht kannte. Und das fiel mir unglaublich schwer."
„Aber in dem Blumengeschäft sind Sie mit den Kunden doch so gut klar gekommen", warf Heinrich

Klee ein. „Das ist etwas völlig anderes. Dazu müssen Sie wissen, dass ich stets gewisse Vorbehalte gegen Versicherungsvertreter hatte. Wenn Versicherungsvertreter bei mir vorsprachen, wurde ich nie das Gefühl los, sie wollten mir etwas aufdrängen, was ich eigentlich gar nicht brauche. Und als ich dann selbst in dieser Branche tätig wurde, dachte ich: ‚Ob dieser Kunde wirklich eine Versicherung benötigt?' In dem Blumengeschäft kommen die Leute zu mir, sie haben bereits gewisse Vorstellungen und wissen ungefähr, was sie wollen. Beim Versicherungsverkauf gehe ich auf die Menschen zu. Natürlich, ich habe versucht, herauszufinden, welche Produkte, welche Versicherungen sie benötigen. Aber ich hatte immer das Gefühl, ich würde ihnen etwas aufschwatzen. Ich konnte mich einfach nicht mit dem Produkt anfreunden, das ich verkaufen sollte. Und das hat mir die Freude am Verkaufen genommen." „Auch Frau Blaseck konnten wir helfen," sagte Hans Grasing. „Mittlerweile hat sie sich als Floristin selbstständig gemacht und betreibt ein Blumengeschäft in der Innenstadt. Gehen Sie einmal dorthin, Herr Klee, Sie haben wahrscheinlich noch nie einen so schönen Blumenladen gesehen, er ist sehr liebevoll eingerichtet!"

Susanne Blaseck verabschiedete sich und betonte, Herr Grasing könne ruhig wieder auf sie zukommen, wenn sie jemandem ihre Geschichte erzählen solle. „Ich hoffe, die zwei haben Ihnen verdeutlicht, dass Sie in einem Beruf nur dann zufrieden und erfolgreich sein können, wenn Sie eine Tätigkeit ausüben, die Sie lieben. Und Grundvoraussetzung dafür ist, dass Sie für diese Tätigkeit geeignet sein müssen. Ist das bei Ihnen der Fall, Herr Klee?" „Das ist ja mein Problem, ich weiß es einfach nicht", rief Heinrich Klee aus. „Ist Verkaufen für Sie eine wertvolle Tätigkeit?" „Ich glaube schon. Das ist mir heute bei Ihnen klar geworden. Besonders gefällt es mir, wenn ich anderen Menschen dabei helfen kann, ein Problem zu lösen. Ich kann sehr gut zuhören und mich in andere Menschen hineinversetzen." Heinrich Klee dachte daran, dass ihm dies heute bereits mehrere Menschen bestätigt hatten. Und war das Gespräch mit Hans Grasing nicht eine weitere Bestätigung?

„Sie dürfen nicht länger die Augen davor verschließen, Herr Klee. Ihre Stärke ist es, anderen Menschen *nutzen zu wollen*", betonte Herr Grasing. „Sie sind für den Verkäuferberuf bestes geeignet, denn dieser Beruf erlaubt es Ihnen, Ihrem Wesen und Charakter nach zu handeln. Vielleicht hindern Sie Überzeugungen aus Ihrer Kindheit daran, sich dies Ihnen selbst gegenüber zuzugeben. Ich möchte Sie aber nicht zu etwas überreden, was Sie später bereuen. Sie sollten mit sich noch einmal in Klausur gehen und sich fragen, ob Sie die Tätigkeit des Verkaufens auch wirklich gerne ausüben. Stellen Sie sich die wichtige Frage, ob Sie diesen Beruf lieben. Wenn Sie diese Frage verneinen, wie Herr Kretschmer, dann überlegen Sie, ob das Verkaufen für Sie das richtige ist. Wenn Sie sie jedoch bejahen, wird sich ein Kreislauf in Gang setzen, der Ihnen hilft, sich mit Ihrem Beruf mehr und mehr zu identifizieren."

„Den Beruf ‚lieben', sich identifizieren – ist das nicht ein bisschen zu hochtrabend ausgedrückt?", fragte Heinrich Klee. „Letztlich geht es doch nur um den Job!" „Nur um den Job?", rief Hans Grasing aus. „Haben Sie sich einmal überlegt, wie viel Zeit Sie mit diesem ‚Job' verbringen? Gehen wir doch nur einmal von einer 40-Stunden-Woche und 45 Wochen Arbeitszeit im Jahr aus und multiplizieren das mit 20." Hans Grasing rechnete konzentriert. „Das sind in 20 Jahren ... 36.000 Stunden. Dies ist ein Fünftel jener 20 Jahre, und von den anderen vier Fünfteln verschlafen Sie allein die Hälfte. Und ein Verkäufer, der erfolgreich sein will, tut mehr als die anderen. Das haben Sie heute auch erfahren, mit diesen 36.000 Stunden kommen Sie also gar nicht aus!"

Herr Grasing fuhr fort: „Stellen Sie sich vor, man würde Ihnen zu Beginn Ihres Lebens sagen: ‚Lieber Heinrich, leider musst du mindestens ein Fünftel deines Lebens mit einer Tätigkeit zubringen, an der du keinen Spaß hast, die du nicht gern machst." „Das wäre schrecklich", gab Heinrich Klee zu. „Ich würde alles tun, um dem zu entgehen." „Wenn man Ihnen aber mitteilte", sagte Hans Grasing, „Sie könnten einen Großteil Ihres Lebens mit etwas zubringen, das Ihnen und anderen Menschen Spaß und Freude bereitet, und darüber hinaus auch Ihren Lebensunterhalt sichert ..." „Das motiviert selbstverständlich ungemein", erwiderte Heinrich Klee nachdenklich.

„Wenn Sie Ihren Beruf mit Freude und Engagement ausüben, haben Sie auch eine Grundlage, sich mit Ihrer Tätigkeit, Ihrem Produkt und Ihrem Arbeitgeber zu identifizieren. Herr Kretschmer zum Beispiel konnte sich nicht mit den Fertighäusern, mit seinem Produkt, identifizieren, die so gar nicht seinem eigenen Geschmack entsprachen. Frau Blaseck erging es als Versicherungsmaklerin ähnlich. Ich bin allerdings der Meinung, dass der Verkäufer seine eigene Ansicht über sein Produkt nicht zum alleinigen Maßstab erheben darf. Ich möchte Ihnen ein Beispiel aus dem Finanzdienstleistungsbereich geben. Wenn Sie als Verkäufer aus Testergebnissen etwa der Stiftung Warentest wissen, eine bestimmte Versicherung, die Sie anbieten, sei sehr teuer, ja eigentlich zu teuer, kann es sein, dass Sie sie nicht mehr gerne anbieten. Sie können diese Versicherung Ihrem Kunden nicht mehr mit gutem Gewissen empfehlen. Aber bedenken Sie auch die andere Seite. Vielleicht ist diese Versicherung bei der Auszahlung im Schadensfall schnell und unbürokratisch. Und vielleicht wiegt dieser Vorteil den Nachteil des höheren Preises aus Kundensicht auf. Trotzdem: Es ist äußerst wichtig, dass Sie als Verkäufer sich mit dem Produkt, das Sie verkaufen, identifizieren können und es eventuell auch selbst erstehen würden, wenn Sie die Interessenslage des Kunden hätten. Wenn Sie Ihr eigenes Produkt mögen und von seinem Nutzen überzeugt sind, beschäftigen Sie sich automatisch mit ihm. Sie sind bestrebt, alles über das Produkt zu erfahren, über seine Herstellungsart, seinen Nutzen, seine Einsatzbereiche. Dieses Wissen wiederum nutzt Ihnen im Kundengespräch. Denn wenn der Kunde merkt, dass der Verkäufer sein Produkt sehr gut kennt und zudem selbst von ihm begeistert und überzeugt ist, wirkt dies auch auf ihn motivierend."

„Bei Frau Blaseck kam ja hinzu, dass Sie Vorbehalte gegen Versicherungsmakler und die Versicherungsbranche an sich hatte", warf Heinrich Klee ein. Herr Grasing erwiderte: „Falls es Ihnen möglich ist, sich mit Ihrem Arbeitgeber oder dem Unternehmen, bei dem Sie arbeiten, zu identifizieren, kann das nur von Vorteil sein. Das bedeutet ja nicht, dass man in Detailfragen nicht auch einmal miteinander diskutiert oder sogar streitet. Aber es sollte Ihnen schon möglich sein, die Unternehmensphilosophie grundsätzlich mitzutragen und auch nach außen zu kommunizieren. Ein Verkäufer, der im Kundengespräch über seinen Arbeitgeber herzieht und schlecht redet, hinterlässt einen negativen Eindruck. Und er schadet vor allem seinem Produkt, das er verkaufen will, und auch sich selbst. Denn natürlich könnte der Kunde fragen, warum der Verkäufer bei einem Unternehmen arbeitet, das er im Grunde ablehnt. Und wenn schon Sie selbst nicht von den Produkten und Aktivitäten Ihrer Firma überzeugt sind – wie können Sie dann Ihren Kunden davon überzeugen?"

„Wenn ich mich mit meinem Unternehmen identifiziere", warf Heinrich Klee ein, „kann ich im Kundengespräch überzeugender wirken, weil ich auch Entscheidungen, die ich nicht selbst getroffen habe, mittragen kann." „Hier schließt sich der Kreis", meinte Hans Grasing. „Diese Identifikation können Sie nicht auf Knopfdruck erzeugen. Aber wenn Sie der festen Meinung sind, der Verkäuferberuf sei der richtige Beruf für Sie, wenn Sie Ihre Tätigkeit lieben und sich dann den entsprechenden Arbeitgeber aussuchen, der Produkte oder Dienstleistungen anbietet, von denen Sie überzeugt sind, wird diese Identifikation erheblich erleichtert.

Die entscheidende Frage ist, was Sie sich unter dem Begriff ‚Verkäufer' vorstellen, Herr Klee. Sollten Sie im Verkäufer nur den berühmt-berüchtigten ‚Türklinkenputzer' sehen, werden Ihre Vorstellungen und Ihr innerer Zustand negativ geprägt sein. Wenn Sie hingegen im Verkäufer jemanden sehen, der dem Kunden helfen und nutzen will, der dessen Wünsche oder auch Probleme erkennt und ihm hilft, die richtigen Entscheidungen zu treffen und sein Problem zu lösen, wenn Sie den Verkäuferberuf als eine Tätigkeit sehen, bei dem alle Beteiligten, Sie und der Kunde, einen Gewinn erzielen, wenn Sie also das Verkaufen als die hohe Kunst im Umgang mit Menschen ansehen" – Herr Grasing holte Luft –, „dann werden Sie sich mit dem Bild des Verkäufers problemlos identifizieren können."

Heinrich Klee dachte an einen Freund, der als selbstständiger Kleinunternehmer Toilettenhäuschen an Baufirmen und Bauherren vermietete und dabei nicht allzu erfolgreich war. Nach seinem Beruf gefragt, wurde er immer ein wenig verlegen. ‚Toilettenverleih, wie hört sich das denn an?' Dieser

Freund konnte sich mit seinem Beruf nicht identifizieren. ‚Und ich selbst', überlegte er, ‚hatte bisher auch immer Schwierigkeiten, zu meiner sozialen Ader zu stehen. Genau wie meine Mutter habe ich diese Eigenschaft immer bespöttelt, ich war immer ein wenig peinlich berührt, wenn die Sprache darauf kam, dass ich anderen Menschen gerne helfe. Aber ab jetzt stehe ich dazu! Und ist der Verkäuferberuf dann nicht ein geeigneter Beruf für mich?'

„Ich möchte noch ergänzen", meinte Hans Grasing, „bei aller Identifikation mit Beruf, Produkt, Unternehmen und Verkäufertätigkeit dürfen Sie Ihre wichtigste Aufgabe nicht vergessen, nämlich die Identifikation mit Ihrem Kunden. Wenn Sie sich für die kundenorientierte Arbeit entschieden haben, dann tragen Sie allein die Verantwortung dafür. Anerkennung und Akzeptanz müssen Sie auch bei Ihrem Kunden erzeugen."

„Um das zu erreichen, gibt es ja die dritte Etage", sagte Heinrich Klee. „Ich bitte Sie, die Fragen, die wir hier auf der fünften Etage aufgeworfen haben, ernsthaft zu durchdenken", meinte Hans Grasing. „Wichtig ist, dass Sie Spaß und Freude an dem haben, was Sie tun. Ich kann Ihnen nicht dabei helfen zu entscheiden, ob es der Verkäuferberuf ist, der Ihnen die Möglichkeit gibt, diesen Spaß und diese Freude zu empfinden. Ich bin zwar der Meinung, dass dem so ist, aber letztlich müssen Sie die Entscheidung treffen." Der Chef-Coach überreichte Heinrich Klee die Pille für die fünfte Etage und bat ihn, sich wiederum in den Ruheraum zurückzuziehen, um über das Gespräch nachzudenken. „In einer Viertelstunde haben wir halb sechs", sagte er, „wir wollen dann einen Kaffee trinken, und um 18.00 Uhr erwartet uns Frau Buchblath."

Heinrich Klee betrat unverzüglich den Raum und ergriff einen Stift, um auf dem Flipchart Notizen zu machen. Er fühlte sich – ganz im Gegensatz zu der krisenhaften Situation vor knapp einer Stunde – sehr gut und wollte diesen positiven Zustand nutzen. ‚Es muss mir nur noch gelingen, diesen Zustand beizubehalten oder auch aktiv herbeizuführen, dafür gibt es bestimmt irgendwelche Mentaltechniken', dachte er. ‚Die kann ich bestimmt erlernen und trainieren, und zwar hier in diesem Institut.' Er war fest entschlossen, den Kurs ‚Sieben Vitamine zum Verkaufserfolg: Die Verkaufs-Pille' zu belegen. Voller Tatendrang notierte er:

Der Verkäuferberuf ist mein Wunschberuf. Er macht mir Spaß und bereitet mir Freude. Darum bin ich für diesen Beruf hervorragend geeignet.

Mein Ziel als Verkäufer ist es, anderen Menschen zu helfen und zu nutzen. Das gelingt mir, weil ich:

- *Menschen mag, ja: sie* (Heinrich Klee zögerte erst, dieses große Wort zu verwenden) *liebe,*
- *bereit bin, den Kunden einen Dienst zu leisten und ihnen bei der Lösung ihrer Probleme behilflich zu sein.*

> *Sich mit seinem Kunden zu identifizieren, heißt, seine Probleme und Sorgen ernst zu nehmen.*
>
> *Spaß und Freude am Verkaufen führen dazu, dass ich mich mit meiner Tätigkeit, den Produkten und Dienstleistungen, die ich verkaufe, und meinem Unternehmen identifiziere.*
>
> *Je höher mein Identifikationsfaktor ist, desto erfolgreicher werde ich in meinem Beruf sein.*
>
> *Um diesen motivierenden und positiven Zustand aufrecht zu erhalten, ist Training notwendig.*

Er setze den Stift ab, überlegte und schrieb dann:

> *Ich nehme nun zum ersten Mal die Verkaufs-Pille ein!*

Und so geschah es dann auch. Nach einem kurzen Zögern nahm Heinrich Klee die Pille ein, die ihm Hans Grasing gegeben hatte, horchte in sich hinein und wartete schließlich ein paar Minuten ab. Während der Wartezeit vernahm er hinter Tür zu dem Trainingsraum, der sich auch hier auf der fünften Etage befand, ein Stimmengemurmel, das immer mehr anschwoll. ‚Ich werde erst einmal in den Trainingsraum gehen, das ist mir ja nun, da ich die Pille eingenommen habe, erlaubt', dachte er.

Das Gespräch im Trainingsraum

Heinrich Klee betrat den Trainingsraum und wurde mit einem lauten „Hallo" begrüßt. Hartmut Elke junior, Ingrid Kläser, Helmut Leekmann, Sybille Klaasberg und Hans Grasing hatten sich in dem Trainingsraum der fünften Etage versammelt. Auch Corinna Mooser hastete in ihrem Rollstuhl herbei: „Entschuldigt bitte", rief sie lachend aus, „aber mit dem Rollstuhl dauert es immer etwas länger. Ich bin gleich losgefahren, als ich die Nachricht übers Handy erhielt. Hat Herr Klee die Verkaufs-Pille eingenommen?" „Ja, Hans hat es wohl geschafft, ihn endlich dazu zu bewegen", meinte der Pförtner. „Ich war ziemlich sicher, dass es so weit ist und habe euch natürlich sofort benachrichtigt", erklärte Herr Grasing. „Herr Klee, wie fühlen Sie sich jetzt?"

„Ich fühle mich großartig", sagte Heinrich Klee. Er erinnerte sich an die Ausführungen von Hans Grasing über die verschiedenen neuro-physiologischen Zustände, in denen sich ein Mensch befinden kann. „Ich glaube, wenn ich jetzt mit einem Kunden spräche – ich würde sehr überzeugend wirken. Ob dieser enthusiastische Zustand wirklich mit der Verkaufs-Pille zusammenhängt? Ich kann das noch gar nicht glauben. Ich wünschte, ich hätte die Pille viel früher eingenommen." Heinrich Klee überschlug sich fast vor Begeisterung – und so entging ihm das leise Lächeln des einen oder anderen Mitarbeiters des Instituts. Der Pförtner flüsterte Sybille Klaasberg etwas ins Ohr, aber auch das bemerkte er nicht. „Aber waren Sie denn nicht bereits nach unserem Gespräch und der Bekanntschaft mit Frau Blaseck in dieser guten Stimmung?", fragte Herr Grasing mit einem seltsamen Unterton, der jedoch Heinrich Klees Aufmerksamkeit entging, weil er mit seinen Gedanken noch ganz bei der Wirkung der Verkaufs-Pille war. „Ja, sicher, das Gespräch hat mir wirklich gut getan und ich glaube jetzt, dass der Verkäuferberuf wirklich der richtige für mich ist. Und ich möchte hier in dem Institut und in dem Kurs, den Sie mir anbieten, noch einiges lernen. Ich verstehe zwar noch nicht, wie mir die Pille geholfen hat, aber dass sie hilft – das ist eindeutig!"

In diesem Moment öffnete sich die Tür und die Nichte des Pförtners gesellte sich zu ihnen. „Das kann doch kein Zufall sein!", rief Heinrich Klee. „Jetzt begegne ich dir schon das dritte Mal heute." „Nachdem Sie jetzt bereits dem Geheimnis der Verkaufs-Pille auf die Spur gekommen sind", warf der Pförtner ein, „können wir auch dieses Rätsel auflösen. Hannah gehört zu uns!" Heinrich Klee schluckte, er konnte seine Verblüffung kaum verbergen. „Was heißt das, sie gehört zu Ihnen?"

Helmut Leekmann schaltete sich in das Gespräch ein. „Nachdem wir von Herrn Zimmermann das Empfehlungsschreiben erhalten hatten, haben wir uns entschlossen, Sie für den heutigen Tag einzuladen. Und natürlich haben wir uns auf dieses Treffen mit einem potenziellen neuen Kunden gründlich vorbereitet und uns um weitere Informationen bemüht. Bei Ihrem Arbeitgeber, Ihrem Freundeskreis und selbstverständlich bei einigen Ihrer Kunden.

Uns war dann ziemlich früh klar, dass Sie die unserer Meinung nach richtige Grundeinstellung haben, die einen Durchschnittsverkäufer von einem guten oder sogar sehr guten Verkäufer unterscheidet. Ihnen geht es nicht darum, einem Kunden vor allem ein Produkt zu verkaufen, sondern anderen Menschen zu nutzen und zu helfen. Das Produkt oder die Dienstleistung, die Sie dann verkaufen, ist lediglich ein Vehikel, mit dem Sie anderen Menschen einen Nutzen geben können. Aber anscheinend war Ihnen das noch nicht richtig klar." Heinrich Klee unterbrach ihn: „Dann war die Begegnung mit Herrn Elkes Nichte heute Mittag also tatsächlich kein Zufall, sondern von Ihnen absichtlich herbeigeführt!" Heinrich Klee verspürte eine kleine Verstimmung. „Aber das ist doch sehr gefährlich, es hätte doch wirklich Schlimmeres passieren können." Er schwieg und dachte laut nach: „Oder war etwa auch der Autofahrer ...?" – „Natürlich: Sie haben für das Zusammentreffen und den Beinahe-Unfall gesorgt!"

„Es liegt in Ihrer Hand, wie Sie unser Engagement beurteilen", warf der Pförtner ein. „Wir möchten Ihnen Ihre Berufung zum Verkäuferberuf bewusst machen. Die Begegnung mit Hannah ist dabei nur ein Mosaikstein. Und Sie müssen zugeben, dass Sie heute sehr viel über sich nachgedacht und erfahren haben." „Das stimmt zweifelsohne", bemerkte Heinrich Klee und dachte nach. „Ich bin Ihnen auch sehr dankbar dafür. Wenn ich es mir recht überlege, haben Sie mir sehr weitergeholfen. Und natürlich die Verkaufs-Pille. Aber jetzt müssen Sie mir bitte auch noch verraten, wie die Wirkung der Verkaufs-Pille zu Stande kommt."

„Das müssen wir auf später verschieben, denn wir haben 18.00 Uhr und Sie wollen doch bestimmt auch die sechste Etage kennen lernen." Die Tür des Trainingsraums öffnete sich und Heinrich wurde von Helga Buchblath begrüßt, die sich als die Leiterin des sechsten Stockwerks vorstellte. Heinrich Klee schätzte sie auf Ende Dreißig. „Gibt es bei Ihnen auch wieder eine Pille?", fragte Heinrich Klee, „ich habe das Gefühl, als ob die Wirkung nachlässt". Helga Buchblath hielt inne und blickte kurz zu den anderen hinüber. Nach einem kurzen Nachdenken meinte sie: „Das ist normal, aber da kann ich Ihnen weiterhelfen." Und während die Institutsmitarbeiter gemeinsam einen Lift bestiegen, um nach unten zu fahren, ging es für Frau Buchblath und Heinrich Klee weiter nach oben.

DIE SECHSTE ETAGE: EINZIGARTIGE IDENTITÄT ENTDECKEN UND ENTWICKELN

In dem Aufzug meinte Helga Buchblath zu Heinrich Klee: „Sie kennen doch bestimmt die berühmte Inschrift, die der Apollotempel in der altgriechischen Stadt Delphi trägt." *„Erkenne dich selbst!"*, meinte Heinrich Klee, „ja natürlich, die kenne ich." „Sie haben heute sehr viel von Glaubenssätzen gehört, die uns bereits in unserer frühen Kindheit begleiten und sich zu unseren Überzeugungen verfestigen. Sie beeinflussen unsere Wahrnehmung der Realität, unsere Einstellungen, unsere Sichtweise. Sie machen uns zu dem, was wir sind – oder besser: Sie führen zu dem Bild, das wir von uns selbst haben." Heinrich Klee erwiderte: „Aber dieses Selbstbild muss nicht immer stimmen. So viel habe ich heute schon gelernt." Ihm fiel auf, dass Helga Buchblath sehr langsam sprach und stets genau zu überlegen schien, bevor sie etwas sagte. Sie bewegte sich überlegt und ruhig, und so kam es, dass ihre Ausdrucksweise und ihre Erscheinung in einer angenehmen Harmonie standen.

„Waren Sie auf der Kirmes schon einmal in einem Spiegelkabinett, Herr Klee?" Heinrich Klee dachte an den Spaß, den er und sein jüngerer Bruder in ihrer Kindheit hatten, wenn sie in das Spiegellabyrinth eintraten und von all den gekrümmten und gebogenen Spiegeln gefoppt wurden. In dem einen Spiegel, so erinnerte er sich, veränderte er sich zu einem dürren Riesen, der eine gewisse Ähnlichkeit mit der hageren, noch mehr in die Länge gezogenen Gestalt Karl Valentins hatte – nachdem der Humorist auf der Streckbank gefoltert worden war. Der andere zeigte ihn als gedrungenen tonnenhaften Jungen, der aussah, als sei er in der Druckerpresse gelandet und zu einem handlichen Paket zusammengestampft worden.

„Ja, ich erinnere mich sehr gut. Und ich war als kleiner Junge immer heilfroh, wenn ich mich dann in einem normalen Spiegel vergewissern konnte, dass ich mich nicht verändert hatte. Denn das war immer meine große Angst." „Sehen Sie, Sie wussten und wissen natürlich auch heute noch genau, wie Ihr äußeres Erscheinungsbild ausschaut. Und darum wissen Sie, dass Sie in dem Spiegelkabinett nur Zerrbilder gesehen haben, die nicht dem wahren Bild entsprechen. Aber wie schaut es mit Ihrem psychischen Erscheinungsbild aus, Ihrer Persönlichkeit?" Heinrich Klee musste nicht lange überlegen. „Natürlich gibt es keinen Spiegel, der unser Inneres widerspiegelt. Und darum sind wir auch so anfällig und so empfänglich für die Meinungen anderer Menschen, in der Kindheit eben für die Ansichten und Meinungen unserer Eltern. Sie sagen uns, dass wir dumm und faul sind oder klug und das schönste Kind der Welt – und wir übernehmen diese Meinung, diese Glaubenssätze unreflektiert, weil wir keine Möglichkeit haben, es mit unserem wahren Erscheinungsbild abzugleichen." „Wenn Sie dies könnten, würden Sie schnell merken, wie falsch die anderen Menschen mit der Einschätzung ihres Wesens oder ihrer Persönlichkeit oft liegen", versetzte Helga Buchblath. „Es ist also ein Fehler, seinem wirklichen Wesen mit Hilfe anderer Menschen auf die Spur kommen zu wollen. Auf diese Suche müssen wir uns schon allein begeben", sagte Helga Buchblath. „Schließlich gibt es so etwas wie Selbstreflexion und Selbsterkenntnis. Und darum geht es hier."

Während des Gesprächs waren sie auf der sechsten Etage angekommen, hatten den Aufzug verlassen, waren den langen Flur entlang gegangen und in einen Raum eingetreten. Die Wände des großen Raums, fast schon ein Saal, waren über und über mit Bildern behängt, die jeweils ein undurchdringliches Wirrwarr von Linien zeigten. Heinrich Klee trat an eines der Bilder näher heran und rief aus: „Jetzt erkenne ich es – das sind Fingerabdrücke!" „Ich habe mich früher in meiner Freizeit mit der Daktyloskopie beschäftigt", erwiderte Frau Buchblath, „dem Fingerabdruckverfahren." „Wie kommt man denn zu solch einem seltsamen Hobby?", fragte Heinrich Klee. „Sie müssen wissen, dass ich ein eineiiger Zwilling bin", sagte Helga Buchblath. „Meine Schwester und ich wurden und werden natürlich immer verwechselt. Das ist zwar oft lustig, aber besonders für Kinder eine gar nicht einfache Situation, weil man nie als Individuum erlebt wird, sondern immer nur als Doppel- und Spiegelbild der

Schwester. Und so habe ich mich schon früh für die Einzigartigkeit des Individuums interessiert. Und weil jeder Mensch über ein Hautleistenmuster der Fingerbeeren verfügt" – sie streckte Heinrich Klee ihre Fingerkuppen entgegen –, „ist der Fingerabdruck ein äußerlicher Beweis für diese Einzigartigkeit. Auch meine Schwester und ich haben verschiedene Fingerabdrücke.

Sehen Sie den Fingerabdruck dort? Das ist der von Herrn Grasing. Und da hinten, das ist meiner. Wir haben hier Fingerabdrücke von allen Institutsmitarbeitern und von allen Kunden hängen – als Zeichen für die Einzigartigkeit jedes einzelnen Menschen." „Na ja, dann wird ja vielleicht auch bald mein Abdruck hier hängen", schmunzelte Heinrich Klee. „Längst geschehen. Hier, das ist Ihrer!" „Wo haben Sie denn den her? Aber mich erstaunt hier gar nichts mehr. Wahrscheinlich haben Sie ihn von dem Besteck oder dem Geschirr abgenommen, als ich heute in der Kantine essen war. Ich hatte mich schon gewundert, warum mir Herr Elke in der Kantine das Geschirr geradezu aus der Hand gerissen hat, als ich abräumen wollte."

„Herr Klee", begann Helga Buchblath mit ernster Stimme, „Wir alle sind einzigartige Individuen. Diese Binsenweisheit aber vergessen wir allzu oft. Worin diese Einzigartigkeit besteht, das müssen wir selbst herausfinden. Und wenn wir es entdeckt haben, sollten wir uns selbst treu bleiben. Wir sollten nicht versuchen, jemand anderer zu werden oder zu sein. Natürlich, wir können und müssen unsere Persönlichkeit weiterentwickeln. Aber um dies tun zu können, müssen wir erst einmal den Kern unserer Identität erkennen." „Warum sollte das aber für einen Verkäufer so wichtig sein?", versetzte Heinrich Klee. „Damit Sie eine Beziehung zum Kunden aufbauen können. Denken Sie an das, was Sie im dritten Stock erfahren haben. Die Welt des Kunden können Sie nur betreten, wenn Sie ihm als authentische und harmonische Persönlichkeit begegnen, denn dann wirken Sie glaubwürdig – dann sind Sie glaubwürdig! Herr Klee, Sie müssen zu sich selbst finden und sich dann als der akzeptieren, der Sie sind! Und darauf kann Ihre Weiterentwicklung aufbauen."

„Ich habe an diesem Tag sehr viel erfahren und oft über mich nachgedacht", meinte Heinrich Klee, „und ich denke schon, dass ich in dem Prozess ‚Erkenne dich selbst' ein gutes Stück weiter gekommen bin. Vielleicht wissen Sie es nicht, aber nach dem Gespräch mit Herrn Grasing auf dem fünften Stockwerk habe ich mich davon überzeugen können, dass der Verkäuferberuf wohl mein Wunschberuf ist " „Doch, ich weiß, aber das Wörtchen ‚wohl', das Sie soeben gebraucht haben, weist darauf hin, dass Sie diese Überlegungen noch nicht ganz abgeschlossen haben", gab Frau Buchblath zu bedenken.

Heinrich Klee dachte nach. „Was mich noch interessiert, ist der Zusammenhang zwischen meiner Persönlichkeit und dem Beruf des Verkäufers. Ich habe mich ja schon vor meinem Besuch heute bei Ihnen für Weiterbildungsfragen interessiert, und in den Büchern, die ich zu dem Thema gelesen habe, war oft vom dem ‚idealen' Verkäufer die Rede." „Also Entschuldigung", unterbrach ihn Helga Buchblath ungehalten, „aber das Gerede vom idealen Verkäufer halte ich für unsinnig und sogar gefährlich. Es ist nicht nur im beruflichen Zusammenhang absurd, von einem Persönlichkeitsideal auszugehen. Die Forderung nach diesem Ideal wird dann zur Forderung nach der passenden Persönlichkeit, die von und durch fremde Erwartungen vorgegeben wird. Das läuft ja doch nur darauf hinaus, sich wieder irgendeinem Fremdbild anzupassen, das mit Ihrem wahren Selbst vielleicht überhaupt nichts zu tun hat. Wir können und wollen hier lediglich die eine oder andere Frage aufwerfen, die Sie selbst sich vielleicht nie gestellt hätten – die Antworten aber müssen Sie suchen und finden.

Was zum Beispiel bedeutet Erfolg für Sie?" „Darüber habe ich mir noch nicht so viele Gedanken gemacht", antwortete Heinrich Klee, „Erfolg hat aber bestimmt etwas mit Zufriedenheit und mit finanzieller Unabhängigkeit zu tun – glaube ich." „Sehen Sie, das ist eine der Fragen, die Sie sich unserer Meinung nach stellen und beantworten sollten. Der ‚Erfolg' ist ein schillernder Begriff, der gerade beim Verkaufen doch recht eindimensional verwendet wird: höherer Umsatz, mehr Gewinn, ein höheres Gehalt. Und sicher hat der Erfolg etwas mit diesen Dingen zu tun. Und doch bin ich sicher, dass so gut wie jeder Mensch eine andere Definition von Erfolg hat. Der Millionär wird unter Erfolg etwas anderes verstehen als eine Hausfrau, wenn Sie mir dieses

Extrembeispiel gestatten. Der Reiche träumt davon, sein Vermögen noch weiter auszubauen. Die Hausfrau – oder auch der Hausmann – hingegen spricht von einem Erfolg, wenn aus den Kindern etwas Anständiges wird, wobei wieder die Frage ist, was denn unter diesem ‚Anständigen' zu verstehen ist. Und vielleicht ist es aber gerade der Millionär, für den das höchste Glück und damit auch der Erfolg darin besteht, in Ruhe und Beschaulichkeit die Schönheit eines Sonnenaufgangs zu erleben."

Helga Buchblath führte Heinrich Klee in einen der Räume, der mit einer reichhaltigen Bibliothek ausgestattet war, und begab sich zu einem der zahlreichen Regale. „Alle diese Bücher beschäftigen sich mit dem Thema ‚Erfolg'. In fast jedem der Bücher gibt es eine andere Erfolgsdefinition." Sie zog ein Buch hervor: „Schauen Sie sich zum Beispiel ‚Napoleon Hills Gesetze des Erfolgs' an. Napoleon Hill versteht unter Erfolg etwas ganz Bestimmtes. Man kann ihm folgen oder nicht – mir übrigens ist sein Erfolgsmodell viel zu simpel gestrickt. Der Autor schreibt zu Beginn seines Buches: ‚Du schaffst es, wenn du nur glaubst, dass du es schaffst. Dies ist ein Lehrgang über die Grundlagen des Erfolgs. Erfolg ist weitestgehend eine Frage der Anpassung an die immer wieder neuen und wechselnden Lebensumstände, die in einem Geist der Harmonie und der Gelassenheit vollzogen werden sollte. Harmonie basiert auf dem Verständnis der Kräfte, die unsere Lebensumstände bestimmen. Daher ist dieser Lehrgang in Wirklichkeit eine Anleitung, der man unmittelbar bis zum Erfolg folgen kann, denn er hilft dem

Lernenden, diese Einflüsse der Umwelt zu interpretieren, zu verstehen und das Beste aus ihnen zu machen.' Übrigens haben Legionen von Managementtrainern Hills Buch als Steinbruch genutzt, aus dem sie sich ihre eigene Erfolgsphilosophie zusammengezimmert haben. Aber nun hören Sie bitte noch einmal zu."

Frau Buchblath schlug ein weiteres Buch auf und las vor: „Das ist ja eine der Bedingungen des Erfolgs, und zwar in jedem Beruf: diese Unfähigkeit, die Welt wahrzunehmen, wie sie wirklich ist. Der Erfolgreiche verklärt von Anfang an. Und selbst wenn er gegen etwas oder gegen jemanden ist, er ist es auf eine verklärende Weise. Er bleibt immer übrig als prima, die Welt kann froh sein, dass es ihn gibt. Und die Welt ist gut, weil es einen wie ihn gibt. Und sie ist gut, weil einer wie er in ihr Erfolg hat. Also die fundamentale Missglücktheit der Welt, wie sie ist, kommt nicht vor bei ihm. Das macht ihn erfolgreich. Was nicht ist, wie es ein soll – und das kann viel sein –, wird von ihm radikal gerügt, verdammt. Die Befriedigung des Misserfolgreichen ist tatsächlich, dass er die Welt, der er auf die Nerven geht, absolut kennen lernt. Und dadurch wächst in ihm ein Kenntnisreichtum, in dem sich leben lässt wie in einem farbensatten, klangüberströmten Paradies. Dass die Bedingungen jeder Einsicht der Misserfolg ist, macht den Misserfolg zum höchsten Gut überhaupt."

„Keine ganz leichte Argumentation", warf Heinrich Klee ein, „von wem ist das denn?" „Von dem Schriftsteller Martin Walser, und zwar aus seinem Roman ‚Tod eines Kritikers'. Der Vorteil eines Romans gegenüber einem Sachbuch ist ja, dass man als Autor nicht immer eindeutig Stellung beziehen muss. Man lässt mehrere Figuren miteinander sprechen, und in den Dialogen können mehrere Figuren eine Sache aus verschiedenen Perspektiven betrachten und dabei auch durchaus kontroverse Ansichten äußern. Und diesen Vorteil nutzt in unserem Falle Martin Walser natürlich. Der Leser kann sich dann ein eigenes Urteil bilden."

„Ich verstehe, worauf Sie hinaus wollen", warf Heinrich Klee ein. „Ich muss herausfinden, was ‚Erfolg' für mich persönlich bedeutet." Helga Buchblath antwortete: „Richtig. Die zwei Zitate zeigen, dass es keine eindeutige Antwort gibt. Die eindeutigen Antworten auf die Frage ‚Was ist Erfolg' sind zumeist sehr platt und folgen einem simplen Strickmuster. Jeder Mensch versteht unter Erfolg etwas anderes. Aber ich glaube, für einen Verkäufer ist es schon wichtig, sich mit dieser Frage auseinander zu setzen. Und das gilt für viele andere Bereiche ebenso: Woran glauben Sie? Was macht Ihnen Spaß und Freude? Welche Normen und Werte sind für Sie wichtig und bestimmend? Die Antworten auf all diese Fragen sind auch für Ihren Beruf bedeutsam."

„Aber wird ein Kurs zu dem Thema Verkaufen nicht ein wenig überfordert? Ein Verkaufstraining ist ja kein Philosophiekurs", gab Heinrich Klee zu bedenken. „Wieder richtig", meinte Frau Buchblath. „Aber Ihre Einstellung zum Verkäuferberuf, Ihre Vision, die Sie formulieren, die Festlegung Ihrer Ziele, Ihre Beziehung zum Kunden – all diese Dinge, die ja auch auf den verschiedenen Etagen unseres Instituts zur Sprache kommen und die Sie heute kennen gelernt haben, sind von diesen grundsätzlichen Fragen nicht abzukoppeln. Deshalb sollten Sie sich diese Fragen stellen. Die entsprechenden Inhalte, die dann hier im Institut im Mittelpunkt stehen, beziehen sich natürlich auf das Thema des Verkaufens. Bitte kommen Sie doch mit mir in den nächsten Raum."

Heinrich Klee und Helga Buchblath gingen in einen Raum, in dem zahlreiche Personen damit beschäftigt waren, einen umfangreichen Fragebogen auszufüllen. „Die Arbeit, die diese Menschen hier verrichten, steht unter dem Motto: ‚Entwickeln Sie Ihre einzigartige Identität'", führte die Leiterin der sechsten Etage aus. „bei Fragen können sie sich an einen Trainer wenden, und natürlich können die Frauen und Männer auch untereinander diskutieren."

Heinrich Klee begleitete Helga Buchblath an eine Pinnwand. „Hier sehen Sie die Fragen im Überblick, Herr Klee." Heinrich Klee las sich die Fragen aufmerksam durch:

- *Welche Rahmenbedingungen und äußeren Umstände gefallen mir an meinem Beruf „Verkäufer" besonders gut?*
- *Welche Tätigkeiten und Aufgaben machen mir am meisten Spaß?*

- *Welche meiner Fähigkeiten sind im Verkauf wichtig?*
- *Warum habe ich mich für den Verkauf entschieden?*
- *Was sind meine wichtigsten Prinzipien im Verkauf?*
- *Was ist im Berufsleben wichtig für mich? Welche meiner Werte müssen erfüllt sein, damit ich Spaß an der Tätigkeit habe?*
- *Wie sehe ich mich? Wer bin ich als Verkäufer?*
- *Bei welcher Gruppe von Menschen fühle ich mich wohl? In welchem „Team" spiele ich mit?*
- *Warum sollte ein Kunde bei mir kaufen statt bei anderen?*

„Unser Ziel ist es, durch diese Fragen Denkanstöße zu geben. Viele der Teilnehmer berichten uns, dass sie sich mit diesen Fragen auch über den Kurs hinaus beschäftigen. Sie haben zum Beispiel oft gar nicht darüber nachgedacht, welche Prinzipien für ihre Verkäufertätigkeit von Bedeutung sind. Ob es eher finanzielle Erwägungen sind oder auch – wie in Ihrem Fall – eher der Wunsch, anderen Menschen zu nutzen. Solche Fragen beschäftigen unsere Teilnehmer dann auch im privaten Bereich, also über das Training hinaus. Und dann haben wir erreicht, was wir wollen: nämlich einen Reflexionsprozess in Gang zu setzen, der die Menschen ihre einzigartige

Identität entdecken lässt und sie animiert, diese zu weiterzuentwickeln, zu festigen und zu ihr zu stehen, ihr also auch im Kundengespräch treu zu bleiben. So sind sie im Gespräch mit dem Kunden glaubwürdig und authentisch."

Heinrich Klee und Frau Buchblath begaben sich zum Ende des Flurs. „Herr Klee, Sie wissen ja, was Sie nun erwartet. Ich möchte Sie bitten, sich ein paar Minuten in diesen Raum zurückzuziehen und über das nachzudenken, was Sie von mir erfahren haben. Danach können Sie sich entscheiden, ob Sie die Verkaufs-Pille einnehmen. Hier, bitte sehr, die Pille für den sechsten Stock. Wenn Sie die Pille eingenommen haben, kommen Sie bitte zu mir zurück."

„Gibt es im sechsten Stock keinen Trainingsraum, den man erst betreten darf, wenn man die Pille genommen hat?", fragte Heinrich Klee. „Nein, wenn Sie die Pille genommen haben, gehen wir in die siebte Etage – zu Herrn Hartmut Elke senior, dem Gründer und Leiter des Instituts. Er erwartet uns um 19 Uhr."

Heinrich Klee betrat den Raum und trat gleich zu dem Flipchart. Dort las er:

> *Bitte überlegen Sie:*
>
> *Sie sind auf Ihrer Geburtstagsfeier und haben viele Menschen eingeladen.*

> *Jemand möchte eine Rede halten und einen Rückblick auf Ihr bisheriges Leben wagen. Was sollte er über Sie sagen, was wünschen Sie sich? Und wer sollte diese Rede halten?*
>
> *Lassen Sie Ihre Gedanken in die Zukunft wandern. Stellen Sie sich vor, Sie feiern heute Ihren 65. Geburtstag und blicken auf Ihr Leben zurück. Was wollen Sie erlebt und erreicht haben?*

Heinrich musste nicht lange überlegen: Er wünschte sich, dass seine Eltern diese Rede halten würden und stolz darauf seien, dass er sich dafür entschieden hatte, mit Hilfe der Verkäufertätigkeit anderen Menschen Nutzen zu stiften. Und im Mittelpunkt seines persönlichen Rückblicks sollte stehen, dass er anderen Menschen gegenüber – und natürlich auch seinen Kunden – immer ehrlich war. Aber er wollte auch stolz darauf sein, mit seiner Tätigkeit seinen Lebensunterhalt zu bestreiten und sich den einen oder anderen, auch größeren materiellen Wunsch erfüllen zu können.

Er blickte auf die Uhr – und nahm die Pille ein. Erstaunt schüttelte er den Kopf, denn er meinte wieder eine Veränderung zu spüren, ohne freilich genau benennen zu können, worin diese bestand. Gut gelaunt trat er auf den Flur zu Frau Buchblath hinaus: „Ich habe die Pille genommen und freue mich riesig darauf, Herrn Elke näher kennen zu lernen!"

Die siebte Etage: Umsetzung durch Intervalltraining

Heinrich Klee erkannte Hartmut Elke sofort wieder, es war ja noch gar nicht so lange her, dass der Institutsleiter ihm heute Morgen die Einladung überbracht hatte. Sie begrüßten sich und Hartmut Elke bat ihn, doch Platz zu nehmen. Während Heinrich Klee es sich auf der Couch bequem machte, schaute er sich in dem Zimmer um. Es war recht spartanisch eingerichtet, auffallend waren vor allem die unzähligen Abbildungen und Grafiken, mit denen die hohen Wände des Raumes behangen waren. An einer riesigen Wandtafel erkannte Heinrich die Umrisspläne des Instituts, in dem jedes einzelne Stockwerk in einer anderen Farbe eingezeichnet war. Viele der Räume erkannte er wieder, oder er erinnerte sich daran, was er dort erlebt und erfahren hatte. Jedes der zahlreichen Zimmer war mit einem Stichwort versehen, aus dem hervorging, was dort zu finden war oder vorgeführt wurde. Der dunkle Raum im ersten Stock, in dem ein Mann seine Glaubenssätze an eine Tafel geschrieben hatte, trug zum Beispiel die Bezeichnung „Negative Glaubenssätze". Heinrich Klee erkannte auch die Trainingsräume wieder, die er ja kaum besichtigt hatte, weil er mit der Einnahme der Verkaufs-Pille so lange gewartet hatte. Hinter den Eingangstüren erstreckte sich zumeist ein Areal weiterer Räume, und es war klar, dass dies die Schulungsräume waren, die er vielleicht demnächst aufsuchen würde, wenn er sich für den Kurs tatsächlich einschrieb. Der Plan verdeutlichte zudem, dass die Trainingsräumlichkeiten oft mit den Zimmern verbunden waren, die Heinrich Klee gesehen hatte. Dies bestätigte seine Vermutung, dass die Räume, durch die ihn die Leiter der Etagen geführt hatten, nicht nur dazu da waren, um Leute wie ihn von dem Kurs zu überzeugen, sondern bereits schon zu den Trainingseinrichtungen gehörten.

„Ja, ein Institut wie dieses erfordert ein Höchstmaß an Planung." Mit diesen Worten riss ihn der Institutsleiter aus seinen Gedanken. „Wir sind ja bemüht, unseren Kunden die Arbeitsweise unseres Instituts möglichst anschaulich vor Augen zu führen – denken Sie nur an das Labyrinth auf der zweiten Etage." „Bilder sagen mehr als tausend Worte", versetzte Heinrich Klee „und überzeugen einfach mehr. Ich glaube, ich selbst bin ein gutes Beispiel dafür."

Hartmut Elke trat an seinen Schreibtisch, öffnete eine Schublade und holte ein Päckchen heraus, in dem sich sieben Pillen und ein Zettel befanden. Hartmut Elke senior lächelte und fragte: „Herr Klee, wissen Sie, was ein Placebo ist?"

Überrascht antwortete Heinrich Klee: „Ja, natürlich: Ein Placebo ist ein Scheinmedikament, das einem echten Arzneimittel in Geschmack und Aussehen gleicht. Es soll durch Suggestivkraft wirken, man spricht dann auch vom Placebo-Effekt." Nach einem Zögern fügte er hinzu: „Aber was hat das mit Ihnen und der Verkaufs-Pille zu tun?" Heinrich Klee erahnte die Antwort bereits, blickte den Institutsleiter allerdings erwartungsvoll an. „Natürlich handelt es sich bei unseren Verkaufs-Pillen um Placebos", antwortete dieser. „Schauen Sie sich doch bitte einmal den Beipackzettel an, der der Schachtel mit den Verkaufs-Pillen beiliegt." Heinrich Klee nahm den Zettel und las:

Warnung vor den Nebenwirkungen bei Einnahme der Verkaufs-Pille!

Bei Anwendung des IntervallSystemTrainings kommt es schon während der ersten Trainingsintervalle zur erhöhten Leistungs- und Kommunikationsfähigkeit bei Ihnen und Ihren Mitarbeitern. Außerdem ist in allen Fällen mit Motivationsschüben zu rechnen. Dies gilt in Unternehmen aller Größen und Branchen – fragen Sie zum Beispiel die ABB Gebäudetechnik Deutschland, die Daimler Benz Aerospace AG in Ulm, die Heidelberger Druckmaschinen AG, die Laboratoires Garnier Deutschland, die Siemens Nixdorf AG in Köln, die Wüstenrot Bausparkasse oder die Xerox GmbH in Frankfurt.

Obwohl sich Heinrich Klee an diesem Tag schon des Öfteren vor Erstaunen die Augen gerieben hatte – nun kannte seine Verwunderung keine Grenzen mehr. „Ich war fest davon überzeugt, dass die Verkaufs-Pille eine Wirkung hat. Aber sicher, Herr Grasing hat es eben ja bereits angedeutet: Mein guter Zustand ist durch die Unterhaltungen mit Frau Blaseck und Herrn Grasing hervorgerufen worden – nicht durch die Einnahme der Pille." „Sie werden unser kleines Versteckspiel entschuldigen", rief Hartmut Elke lachend aus, „aber natürlich vertrauen wir bei der Aus- und Weiterbildung unserer Kunden ganz und gar auf die Kompetenz, die unser Institut und unsere Mitarbeiter im Laufe der Jahre aufgebaut haben – und nicht einem Medikament. Der Vorteil unserer Vorgehensweise ist allerdings, dass bei unseren Kunden – eben auch bei Ihnen – ein intensiver Reflexionsprozess in Gang gesetzt wird. Denn man ist natürlich gespannt, ob die Einnahme der Pille eine Wirkung nach sich zieht, beobachtet sich intensiv, bemerkt die Auswirkungen – und erfährt dann, dass diese nicht auf die Pille, sondern auf unser Training zurückzuführen ist."

Der Institutsleiter führte Heinrich Klee nun zu einem großem Plakat, das an der Wand hinter seinem Schreibtisch hing. Hartmut Elke las laut vor:

> *Verkaufen heißt nicht nur: Umsätze machen, sondern: Dem Kunden das geben, was er wirklich will.*
>
> *Ein echter rechter Kundendienst ist aber nur möglich, wenn sich der Verkäufer in die Seele des Kunden hineinzudenken vermag.*

> *Wirkliche Verkaufskunst berücksichtigt gleichermaßen die Interessen des Geschäftes, des Verkäufers und des Kunden.*

„Von welchem unserer bekannten Managementautoren stammt das Zitat?", fragte Heinrich Klee, „letzten Endes sogar von Ihnen?" „Das ist ein Zitat aus dem Jahre 1926!", erwiderte Herr Elke, „es stammt aus einem Buch zur Verkaufspsychologie. Sie sehen: Das Rad wird tatsächlich nicht jeden Tag neu erfunden. Dieser Spruch ist über ein dreiviertel Jahrhundert alt – und er enthält doch die Kernelemente unserer Trainings- und Verkaufsphilosophie: Der Umsatz ist wichtig, aber noch wichtiger ist es, dem Kunden einen Nutzen zu bieten, auch wenn dies nicht gleich zu einem Abschluss führt. Was hier noch ‚die Seele des Kunden' heißt, in die der Verkäufer sich hineindenkt, beschreiben wir mit der Formulierung ‚die Gedanken- und Gefühlswelt des Kunden' betreten, in sie eintauchen und in ihr leben, sich auf sie einlassen – und so eine Beziehung zu dem Kunden aufbauen, in der wir als Problemlöser auftreten und ihm über unsere Produkte oder Dienstleistungen eine Lösung anbieten, die ihm nutzt – und damit auch dem Verkäufer und dem Unternehmen, das dieser vertritt. Der Aspekt des Gemeinwohls wird im heutigen Verkaufsprozess eigentlich viel zu wenig beachtet. Ja, ich möchte sagen, die wirklich guten Verkäufer handeln mit einer – auch wenn es vielleicht in manchen Ohren etwas anmaßend klingt – ethischen Motivation. Das besagt auch die so genannte Platin-Regel der Kundenorientierung."

„Was ist damit gemeint?", fragte Heinrich Klee, „ich kenne die berühmte Goldene Regel, die besagt: ‚Behandle jeden Kunden so, wie Du selbst behandelt werden möchtest.'" „Diese Regel geht auf den kategorischen Imperativ des Philosophen Immanuel Kant zurück", erläuterte der Institutsleiter. „Die Platin-Regel ist eine Fortführung der Goldenen Regel und drückt aus: ‚Behandle jeden Kunden so, wie *dieser* behandelt werden möchte.' Dazu gehört auch, im Training, und damit natürlich auch im Verkaufstraining, die Lernprozesse auf die Lernbedingungen abzustimmen, unter denen der Mensch am besten lernt. Wir haben uns in der Gründungszeit dieses Instituts intensiv mit dem Thema beschäftigt und sind der Meinung, dass der Mensch dann am besten lernt, wenn Lerninhalte in kleinen und in sich abgeschlossenen Lernschritten angeboten werden. Diese Lernschritte werden dann kontinuierlich wiederholt." „Ja", warf Heinrich Klee ein, „das haben mir Ihre Mitarbeiter bereits in der Kantine dargestellt. Sie haben mir erzählt, dass die Lernziele nicht schematisch in einer vorgegebenen Reihenfolge abgearbeitet und abgehakt werden, sondern didaktisch und methodisch miteinander verknüpft sind. Und darum bezeichnen Sie Ihre Vorgehensweise als" – Heinrich Klee schaute auf den Beipackzettel – „IntervallSystemTraining!"

„Richtig. Diese Grafik hier übrigens zeigt, wie die Intervalle aufeinander bezogen sind und dass einzelne Inhalte in mehreren Intervallen wiederholt werden." Hartmut Elke wies auf eine der Wandtafeln.

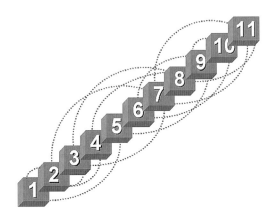

„Der Name IntervallSystemTraining hat aber noch einen weiteren, durchaus wichtigen Grund. Im Normalfall umfassen unsere Trainings vier bis elf praxisbezogene Intervall-Einheiten. Die Lerninhalte sind so aufbereitet, dass sie der Teilnehmer sofort auf sein Produkt und seine Verkaufssituation anwenden kann. Er ist dann zum Beispiel in der Lage, sein individuelles produkt- und kundenbezogenes Verkaufsgespräch zu führen, welches er direkt in der Praxis einsetzen kann. Das Besondere an unserer Vorgehensweise ist, dass der Teilnehmer nach jedem Intervall eine Zeit lang – meistens ein oder zwei Wochen – das Erlernte in seinem persönlichen Arbeitsbereich anwendet."

„Das heißt, ich übe zum Beispiel auf der vierten Etage bei Frau Klaasberg ein, wie ich ein Gespräch eröffne und habe dann ein paar Wochen Zeit, das in meinen Kundengesprächen direkt anzuwenden?"
„Genau so ist es, Herr Klee. Der Biologe und Verhaltensforscher Konrad Lorenz hat einmal sinngemäß gesagt:

> *Gedacht ist nicht gesagt.*
>
> *Gesagt ist nicht gehört.*
>
> *Gehört ist nicht verstanden.*
>
> *Verstanden ist nicht einverstanden.*
>
> *Einverstanden ist nicht behalten.*
>
> *Behalten ist nicht angewandt.*
>
> *Angewandt ist nicht beibehalten.*

Es genügt nicht, sich neue Inhalte lediglich anzueignen, anzulesen oder zu verstehen. Die praktische und pragmatische Anwendung ist das A und O – indem der Mensch Dinge und eben auch neu Gelerntes selbst ausführt und umsetzt, lernt er, dass und wie er es erfolgreich und auch langfristig anwenden kann. Deswegen besteht die vordringlichste und wichtigste Aufgabe unserer Verkaufstrainer darin, die Umsetzung der Trainingsinhalte in den Berufsalltag der Führungskräfte und Mitarbeiter aus der Verkaufs- und Vertriebsabteilung zu gewährleisten. Wir sind der Meinung, dass einem Teilnehmer wenig damit geholfen ist, wenn er zum Beispiel von der x-ten Methode zum richtigen Einsatz der Körpersprache im Kundengespräch erfährt. Besser ist es, wenn er im Seminarraum ein oder zwei konkrete Methoden intensiv trainiert und übt. Schließlich hat er doch den Experten dafür direkt vor sich sitzen: den Verkaufstrainer. Oder besser: den Umsetzungstrainer! Der zeigt ihm zunächst einmal, wie eine Methode eingesetzt wird, führt ihm also vor Augen, wie er ein Kundengespräch mit einer positiven Ansprache eröffnen kann. Danach erhält er Gelegenheit, den positiven Gesprächseinstieg mit dem Plenum und dem Trainer zu diskutieren. So stellt sich ein Konsens über Sinn, Zweck und Inhalt dieser Methode ein, der – so unsere Erfahrung – eine angenehme und entspannte Lernatmosphäre nach sich zieht, in der die Seminarteilnehmer gerne bereit sind, Neues auszuprobieren und anzuwenden."

„Wenn ich Sie richtig verstehe, sind Ihre Trainer also vor allem Umsetzungstrainer", sagte Heinrich Klee. „Wieder richtig", erwiderte der Institutsleiter erfreut. „Unsere Überzeugung ist: Natürlich kann die praxisorientierte Anwendung der Seminarinhalte im Teilnehmerkreis geübt werden. Aber selbst die transferorientierteste Vorgehensweise steht letztlich vor einem großen Dilemma: Sie findet im weitgehend praxisgeschützten Seminarraum statt! Natürlich sind unsere Lerneinheiten erlebnisorientiert aufgebaut. Gruppenarbeit, Einzelarbeit, Rollenspiele, Brainstorming, Lehrgespräche – das sind nur einige Elemente unseres ganzheitlich aufgebauten

Trainings. Bei der Entwicklung der Trainings wurde speziell auf langfristiges Behalten und gehirngerechtes Lernen Wert gelegt. Aber das allein genügt uns noch nicht. Wir wollen Trainings anbieten, in denen die Betonung der Bedeutung des Transfers nicht nur ein Lippenbekenntnis darstellt. Wir brauchen Umsetzungsphasen – und zwar im wahrsten Sinne des Wortes, nämlich Umsetzungsphasen am Arbeitsplatz. Vor einiger Zeit hatten wir eine Teilnehmerin, die bei Frau Klaasberg die Methode ‚Positiver Gesprächseinstieg' eingeübt hat. Natürlich kannte sie die relativ simple Methode bereits – aber in dem Seminar erfuhr sie im Feedbackgespräch mit den Teilnehmern und Sybille Klaasberg, dass sie den Einstieg viel zu lang gestaltete. Ihre wortreichen Gesprächseinstiege resultierten nicht zuletzt aus ihrem zu umfangreichen Wissen: Sie versuchte, einfach zu viel in den Gesprächseinstieg hineinzupacken. Dieses Wissen hat sie dann in der Praxis, in den Kundengesprächen eingesetzt, die sie in den zwei Wochen nach dem Training führte. Sie leitete ihre Gespräche nun kurz und bündig und so anschaulich wie möglich ein. Mit diesen Erfahrungen ging sie in die nächste Sequenz des Intervalltrainings, in der sie von den Teilnehmern und vom Trainer wiederum ein Feedback erhielt, das ihr in der nächsten Umsetzungsphase erneut zur Verbesserung ihrer Gesprächskompetenz verhalf."

„Das gefällt mir", versetzte Heinrich Klee, „denn auf diese Weise findet ein intensiver Austausch zwischen Trainingsphase und Umsetzungsphase statt. Die Teilnehmer gehen bereits während des Seminars interaktiv mit den Inhalten um. Ich kann mir vorstellen, dass die Erfolgserlebnisse in den Umsetzungsphasen, in denen der Teilnehmer merkt, dass er die Lerninhalte tatsächlich einsetzen und seine Ziele besser erreichen kann, auch zur Motivationssteigerung beiträgt."

„Das hören wir von den Teilnehmern immer wieder. Da die einzelnen Intervalle stets ungefähr einen halben oder einen Tag dauern, also in kleine ‚Häppchen' aufgeteilt sind, und der Trainingsteilnehmer immer wieder an seinen Arbeitsplatz zurückkehrt, trifft er dort nie oder selten einen überfüllten Schreibtisch an." Heinrich Klee nickte zustimmend und dachte dabei an das Chaos auf seinem Schreibtisch und in seiner Mailbox, wenn er nach einem dreitägigen Kurs wieder die Arbeit aufnahm. Bei all der so entstehenden Hektik war er dann geradezu froh, wenn er die Erfahrungen der letzten drei Tage nicht auch noch in den Arbeitsablauf integrieren musste. Und so lösten sich die Lerneffekte meistens ganz schnell in Luft auf.

„Die Intervalltrainingsphasen erlauben es, die tägliche Arbeit nahezu reibungslos weiterzuführen", meinte Hartmut Elke. Er führte Heinrich Klee zu einer weiteren Wandtafel, die sich in der Nähe seines Schreibtischs befand. „Sehen Sie, hier haben wir einmal die klassische Schulungsmethode dargestellt. Und daneben finden Sie unsere Methode des Intervalltrainings visualisiert."

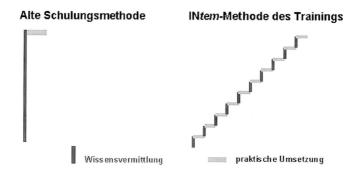

„Auf dieser Grafik schließlich sehen Sie, dass der Teilnehmer in unseren Trainings eine siebenstufige Treppe erklimmt", fuhr der Institutsleiter fort.

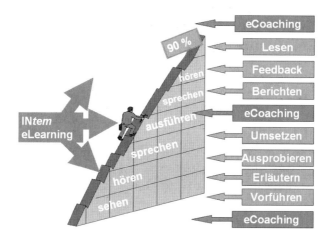

„Ich sprach es ja schon kurz an: Zunächst einmal führt der Trainer den entsprechenden Lernschritt vor – sorgfältig und in aller Ruhe – um dann den Sinn und Inhalt jedes Einzelschrittes mit den Teilnehmern zu diskutieren und zu klären. Auf der Stufe ‚Ausprobieren' setzt jeder Teilnehmer seine neu erworbenen Kenntnisse ein und festigt sie so. Dann erfolgt die so ungemein wichtige Umsetzungsphase am Arbeitsplatz, im Unternehmen, im Kundengespräch. Diese Phase ist aber nicht nur für den Trainingserfolg bedeutsam, sondern auch für die Unternehmen. Die Unternehmen haben oft das Problem, dass ihre Mitarbeiter, die zum Training gehen, in diesem Zeitraum nicht ihren eigentlichen Aufgaben nachgehen können – sie tragen nicht zum Umsatz bei. Bei unserer Methode ist das jedoch anders. Denn ein Teilnehmer, der das Gelernte am Arbeitsplatz, zum Beispiel im Kundengespräch oder bei der Telefonakquise, anwendet, verkauft auch, er hat Kundenkontakte, akquiriert Neukunden– und dies alles oft genug sogar mehr und besser als vorher, weil er nun seine Kundenbeziehungen und Verkaufsgespräche optimiert."

„Erlauben Sie mir eine Zwischenfrage", meinte Heinrich Klee, „zu den vielen Dingen, über die ich mich heute gewundert habe, gehört auch, dass bei den Liften immer so ein reger Betrieb herrscht. Das liegt ja nun daran, dass Ihre Trainingsteilnehmer in Intervallen lernen und die Lernschritte wiederholen – sie müssen dann eben öfter das Stockwerk wechseln. Aber ich konnte mir bisher nicht erklären, warum andauernd so viele Leute das Institutsgebäude verlassen und betreten. Hängt das etwa damit zusammen, dass dies Trainingsteilnehmer sind, die die Umsetzung in Angriff nehmen, also an ihre Arbeitsplätze zurückkehren, um das Gelernte in der Praxis anzuwenden? Und andere wiederum betreten das Gebäude, um das nächste Intervall zu besuchen?" „Ja, wieder richtig kombiniert, Herr Klee. Wir haben hier einen permanenten Austausch zwischen Trainingsphasen und Umsetzungsphasen. Die Teilnehmer wechseln die Etagen, begeben sich in die verschiedenen Trainingsräume, müssen ein Stockwerk mehrmals aufsuchen, weil sie an ihrer Einstellung, ihrer Vision oder einer Verkaufstechnik noch feilen wollen. Bedenken Sie: Bei einem Training mit zum Beispiel elf Intervall-Einheiten gibt es natürlich auch elf Umsetzungsphasen.

Gut, ich war bei der dritten Stufe auf unserer Treppe stehen geblieben", fuhr der Institutsleiter fort. Im folgenden Trainingsintervall berichtet der Teilnehmer der Gruppe und dem Trainer von seinen erlebten Praxiserfahrungen. Wichtig dabei ist, dass der Einzelne über seine Erfahrungen reflektiert, aber auch durch die Berichte der anderen Teilnehmer motiviert wird, sein eigenes Verhalten zu überdenken. In der Feedbackphase schließlich erhalten die Teilnehmer von der Gruppe und vom Trainer konstruktive Rückmeldungen. Auf der siebten Stufe vertiefen die Teilnehmer die Lerninhalte, indem sie Fachbücher lesen oder auch Weiterbildungs-Audio-Kassetten hören. Zudem gibt es die Möglichkeit, sich über das Internet coachen zu lassen und sich im virtuellen Klassenzimmer auszutauschen."

„Ihre Trainings sprechen also den ganzen Menschen an", sinnierte Heinrich Klee. „Er lernt auf allen Sinneskanälen." „Wie gesagt: Unsere Trainings sind auf die Lernbedürfnisse des Menschen abgestimmt. Kleine Lernpakete, mehrere Intervall-Einheiten, zahlreiche Wiederholungen, erlebnisorientierte Trainings und vor allem die praktische Umsetzung im konkreten Arbeitsumfeld – das sind die wichtigsten Aspekte", meinte Hartmut Elke.

„Bieten Sie neben Ihren Verkaufstrainings eigentlich noch andere Inhalte an?", fragte Heinrich Klee. „Natürlich. Unsere Angebotspalette ist recht umfangreich. Im Mittelpunkt steht selbstverständlich das Thema ‚Verkauf und Akquisition'. Wir bilden aber auch Führungskräfte zum Coach aus und bieten eine Managementausbildung für Verkaufsführungskräfte an."

Es trat eine längere Gesprächspause ein. Mittlerweile zeigte die Uhr 20.00 Uhr an. Heinrich Klee befand sich nun seit acht Stunden in dem Institut. „Herr Klee", nahm Hartmut Elke den Gesprächsfaden wieder auf, „Sie haben jetzt alle sieben Stockwerke unseres Instituts kennen gelernt. Ich hoffe, wir konnten Ihnen ein Bild von unserer Arbeits- und Vorgehensweise vermitteln. Bevor Sie sich entscheiden, ob Sie an dem Kurs ‚Sieben Vitamine zum Verkaufserfolg: Die Verkaufs-Pille' teilnehmen, möchte ich Sie bitten, drei Fragen zu beantworten. Auf der vierten Etage, auf der es um das Handwerkszeug des Verkäufers geht, trainieren unsere Teilnehmer eine Fragenkombination, die zu den wichtigsten und wirkungsvollsten gehört, die mir bekannt sind. Denn sie gibt Auskunft über das konkrete Kaufmotiv des Kunden. Die erste Frage lautet: ‚Was erwarten Sie von ...?' – dies ist eine Zielfrage, bei der Sie als Verkäufer erfahren, welche Vorstellung der Kunde hat. Dann folgt eine Verständnisfrage, nämlich: ‚Was bedeutet für Sie ...?'. Die Antwort liefert Ihnen das konkrete Bild, das der Kunde vor Augen hat. Bei der dritten Frage schließlich handelt es sich um eine Wertefrage: ‚Was ist an ... für Sie wichtig?' lautet sie. Diese Frage führt Sie direkt zum Motiv Ihres Kunden, zu dem Grund, der ihn zum Kauf bewegt. Wenn Sie das Motiv Ihres Kunden kennen, können Sie ihm das Produkt oder die Dienstleistung empfehlen, die für ihn maßgeschneidert ist. Darf ich Ihnen dafür ein Beispiel geben?"

Heinrich Klee nickte zustimmend und der Institutsleiter fuhr fort. „Stellen Sie sich vor, ein Kunde möchte ein Mehrfamilienhaus als Renditeobjekt anlegen. Mit Hilfe der ersten Frage – ‚Was erwarten Sie von einem Renditeobjekt?' – erfahren Sie, dass er eine sichere und nachhaltige Kapitalanlage wünscht. Auf die Verständnisfrage ‚Was bedeutet das für Sie ?' erhalten Sie möglicherweise die Antwort, dass er an ein Sanierungsobjekt in Randlage denkt oder auch an eine Immobilie in bester Lage, die hohe Mieten garantiert. Natürlich sind auch andere Antworten denkbar, die Ihnen jedenfalls helfen, Ihre Verkaufsstrategie auf den Kunden abzustimmen. Die Wertefrage ‚Was ist Ihnen an dieser Kapitalanlage außerdem wichtig?' führt Sie zum eigentlichen Kaufmotiv. Dem einen Kunden geht es um eine kontinuierlich sprudelnde Einnahmequelle, er will den Ertrag als zusätzliche Rente genießen. Der andere Kunde benötigt eine Summe Geld zu einem bestimmten Termin – beispielsweise, um in zehn Jahren die Ausbildung oder den Führerschein des Enkels finanzieren zu können. Der dritte Kunde schließlich will später vielleicht selbst in die Wohnung einziehen – ihm ist der Geldfluss nicht so wichtig wie ein Mietvertrag, den er kündigen kann, um die Immobilie selbst zu nutzen."

„Wenn ich so das genaue Motiv des Kunden feststellen kann", meinte Heinrich Klee, „bin ich in der Lage, eine kundenorientierte Argumentationsstrategie zu entwickeln. Eine interessante Fragenkombination." „Die ich nun auf Sie selbst anwenden möchte, Herr Klee. Also: Was erwarten Sie von der Teilnahme an dem Kurs ‚Sieben Vitamine zum Verkaufserfolg: Die Verkaufs-Pille'?"

Heinrich Klee musste nicht lange überlegen und setzte zu einer ausführlichen Antwort an.

DER 34. GEBURTSTAG: EIN JAHR SPÄTER

Wieder einmal musste irgendjemand Heinrich Klee empfohlen haben. Wahrscheinlich ein zufriedener Kunde. Gut gelaunt stand er in seinem Badezimmer und rasierte sich. Er hatte gestern Abend einen Anruf von dem Geschäftsführer eines großen Unternehmens erhalten und war um ein persönliches Kundengespräch gebeten worden, gleich am nächsten Tag, also heute. Er hatte bisher keinen Kontakt zu dem Unternehmen gehabt – daher vermutete er eine Weiterempfehlung.

Heinrich Klee durfte auf ein sehr erfolgreiches Jahr zurückblicken. Nach seiner Teilnahme an dem Kurs ‚Sieben Vitamine zum Verkaufserfolg: Die Verkaufs-Pille' konnte er sagen, dass jener Tag vor genau einem Jahr tatsächlich sein Leben verändert hatte. Er blickte in den Spiegel. In den Tagen nach dem Besuch bei den Elkes hatte er intensiv über sich, sein bisheriges Leben und seine Zukunftspläne nachgedacht. Er war sich an jenem 33. Geburtstag bereits einiger Dinge bewusst geworden, aber er brauchte dann doch den räumlichen und zeitlichen Abstand, um sich wirklich Klarheit zu verschaffen. So hatte er erkannt, dass ihn sein Verhältnis zu seinen Eltern und deren Einstellung zu seiner Verkaufstätigkeit bei der Ausübung seines Berufes blockiert hatte. Seinem Vater hatte er in einem guten und offenen Gespräch seine Motivation und Ziele erläutert und ihm verdeutlicht, wie wichtig es ihm sei, anderen Menschen zu nutzen und zu helfen – und dass er dies am besten als Verkäufer könne. Sein Vater, der sich immer gewünscht hatte, seinen Sohn als Künstler zu sehen, hatte seine Entscheidung zuerst akzeptiert und dann im Laufe der Zeit auch immer mehr unterstützt. Ähnlich war es Heinrich Klee mit seiner Mutter ergangen, die nun davon absah, die ‚soziale Ader' ihres Sohnes zu bespötteln. Danach fühlte sich Heinrich Klee wie befreit.

Auch um eine andere Baustelle seines Lebens hatte sich Heinrich Klee gekümmert. Einige Wochen nach dem Besuch des Instituts fand er den Mut, seine ehemalige Freundin Sabine anzurufen, seine ‚Sandkastenliebe'. Sabine und Heinrich hatten sich schließlich ein paar Mal getroffen, der Kontakt wurde immer enger, und mittlerweile sahen sie sich regelmäßig. ‚Wer weiß, was daraus noch entstehen mag', dachte Heinrich und beendete seine Morgentoilette.

Der Besuch des Seminars war sehr erfolgreich verlaufen. Das Verkaufen machte ihm nun einen unheimlichen Spaß, Misserfolge steckte er besser weg, weil er wusste, dass auch solche Erlebnisse für seine Weiterentwicklung von Bedeutung waren. Aber eigentlich gab es solche Erlebnisse kaum noch – denn auch, wenn er nichts verkaufen konnte: Sein Ziel, seine Kunden als Problemlöser optimal zu beraten, erreichte er so gut wie immer. Trotzdem ruhte er sich auf seinen Lorbeeren nicht aus. Bevor Heinrich Klee spät am Abend das Institut verließ, hatte ihm Hartmut Elke senior noch gesagt: „Lieber Herr Klee, bedenken Sie bitte: Der Erkenntnisprozess, der heute bei Ihnen angestoßen worden ist, wird wohl nie abgeschlossen sein. Es ist ein immer andauernder, lebenslanger Prozess." Wie so vieles, erwies sich auch dies als richtig. Und so hatte Heinrich Klee immer wieder eine Schulung oder ein Training bei den Elkes belegt. Es war auch schon vorgekommen, dass Hans Grasing ihn in den fünften Stock gebeten hatte, um einem neuen neugierigen Kunden seine Erfahrungen darzustellen – so wie es Susanne Blaseck bei ihm getan hatte. Dabei amüsierte es ihn immer wieder, wenn er die Zweifel der zukünftigen Besucher des Vitamin-Kurses bemerkte: Welche Wirkung nur hatte die Verkaufs-Pille wirklich? Die Leute glaubten nicht immer an die Wunderwirkung der Pille – und im Rückblick wunderte sich Heinrich Klee immer noch ein wenig, dass er zeitweise tatsächlich überzeugt war, die Verkaufs-Pille nehme Einfluss auf seinen Zustand.

Zur Zeit stand Heinrich Klee wieder einmal am Scheideweg. Er überlegte, ob er sich vielleicht selbstständig machen sollte. Er hatte tolle Ideen und sich bereits mit Freunden beraten. Und auch Hartmut Elke senior und Hartmut Elke junior hatten ihm wertvolle Tipps gegeben. Zu beiden Elkes, aber auch zu einigen Mitarbeitern des Instituts, hatte Heinrich Klee mittlerweile eine freundschaftliche Beziehung aufgebaut. Eines Tages hatte er durch einen Zufall bemerkt, dass der Name ‚Elke' und sein Nachname mehr als nur eine Ähnlichkeit aufwiesen: Klee und Elke – die Namen setzen sich aus denselben Buchstaben zusammen. Er wollte diesen Zufall nicht überinterpretieren, aber für Heinrich Klee war es ein äußerliches Indiz mehr, dass von Anfang ein ganz besonderer Draht, eine Sympathie und ein unausgesprochenes Verständnis zwischen dem Institutsleiter, dessen Sohn und ihm bestanden hatte.

Heinrich Klee packte die Unterlagen zusammen. Er freute sich auf das Gespräch mit dem Geschäftsführer. Gestern Abend noch hatte er im Internet einige Materialien über das Unternehmen recherchiert, auch zu dem Geschäftsführer gab es ein paar interessante Informationen im Netz. Er hatte das Gefühl, gleich ein gutes Gespräch zu führen.

Heinrich Klee war mit sich im Reinen.

Antwortbrief / Antwortfax: (Fax s. Umschlagseite)

An INtem-Trainer	**Absender**:
	Firma: _____
	Name: _____
	Straße: _____
	Ort: _____
	Tel.: _____
(Anschrift siehe Umschlagseite)	Fax: _____

Bitte senden Sie mir Informationen zu folgenden Themen kostenlos zu:

- ○ Informationen zum INtem-Training
- ○ Die Staffelpreis-Liste für „Die Verkaufs-Pille"
- ○ Vertriebs-Potenzial-Analyse: Erfahren Sie, welches Umsatzsteigerungspotenzial in Ihrer Firma liegt.
- ○ Probieren – Erleben – Profitieren
  Ein Kennenlern-Trainingstag zum Sonderpreis
  in Ihrer Firma

Ich bestelle:

○ __ Exemplare „Die Verkaufs-Pille"
  zum Preis von 9,90 Euro/Stück = Gesamtpreis € _____
  zzgl. Versandkosten.

Ort, Datum: _____ Unterschrift: _____